Klara Obermüller

Die Glocken von San Pantalon

EDITION
XANTHIPPE

Die Publikation dieses Buches wurde unterstützt durch:

Stadt Zürich
Kultur

Kanton Zürich
Fachstelle Kultur

Klara Obermüller

Die Glocken von San Pantalon

Ein venezianisches Tagebuch

Xanthippe

«Es gibt zwei Arten von Städten:
alle anderen und Venedig.»
Henry James

Inhalt

1

Ein Zuhause auf Zeit

Palazzo Castelforte vom
Rio San Pantalon aus

Ein Zuhause auf Zeit

Als ich in Venedig aus dem Zug stieg, fielen feine weisse Flocken. Als ich die Stadt wieder verliess, schlugen die Bäume aus, und an den Hausmauern blühten die ersten Glyzinien. Dazwischen lagen vier lange Monate ohne Programm und ohne jegliche Verpflichtung: ein Meer von Zeit.

Am 17. Mai 2017 war ein Brief der Forbergstiftung bei mir eingetroffen. Darin war von einer Wohnung in Venedig die Rede, von einem vier- bis sechsmonatigen Aufenthalt, gerne auch in Begleitung des Partners, von Wertschätzung für geleistete Arbeit, von Atemschöpfen in anderer Umgebung und davon, ob ein solcher Aufenthalt für mich wohl in Frage käme. Er kam in Frage. Und wie er in Frage kam! Endlich einmal alles hinter mir lassen, nichts müssen, Distanz schaffen, abschliessen und vielleicht etwas Neues anfangen – und das in einer Stadt wie Venedig, deren Name allein schon wie eine Verheissung klingt. Ich rief umgehend auf dem Stiftungssekretariat an, wir trafen uns zu einem Mittagessen, und am 6. Juli lag der unterzeichnete Vertrag in der Post. Wir hatten uns darauf geeinigt, dass mir die Wohnung von Mitte Dezember bis Mitte April zur Verfügung stehen und dass Kurt, mein Mann, mich begleiten würde.

Am 10. Dezember 2017 war es so weit. Ich bestieg um 09.09 Uhr den Zug nach Venedig – allein vorerst, Kurt sollte in einer Woche folgen – und traf mit einer halben Stunde Verspätung kurz nach 15 Uhr in Venezia Santa Lucia ein. Enrica, die Stiftungsbeauftragte, holte mich ab und brachte mich in die Wohnung. Ein Gang von einer Viertelstunde war es, mehr nicht, aber ein Gang in eine andere Welt. Sobald wir den *Canal Grande* hinter uns gelassen hatten, wurden die Kanäle schmal und die Gassen eng. Statt geradeaus, ging es bald nach rechts und bald nach links. An Orientierung war nicht mehr zu denken. Es dämmerte schon leicht. Das Pflaster glänzte vor Nässe. Von den Fassaden blätterte der Putz.

Der *Palazzo Castelforte*, in dem ich für die nächsten vier Monate wohnen sollte, ist ein imposantes Gebäude, das 1550 als Gästehaus der *Scuola Grande di San Rocco* errichtet worden war, einer jener aus den mittelalterlichen Büsserbruderschaften hervorgegangenen karitativen Einrichtungen Venedigs. An der Fassade weisen Medaillons mit den Buchstaben S und R noch heute auf die einstige Bestimmung hin. Die *Scuola Grande di San Rocco* selbst liegt gleich nebenan, davor der *Campiello Castelforte*, ein schmales Plätzchen, von dem ein paar grün bemooste Stufen ins Wasser hinunterführen. An der Vorderfront des Palazzo befinden sich fünf Türen, die zu fünf verschiedenen Wohnungen gehören. Jede Wohnung hat ihren eigenen Eingang, ihre eigene Hausnummer und ihr eigenes Treppenhaus. Die unsere trägt die Nummer 3106 und liegt im *Secondo Piano Nobile*.

54 steile, ausgetretene Marmorstufen galt es an jenem ersten Abend in Venedig noch zu bewältigen, dann waren wir angekommen in meinem neuen Zuhause. Die Eingangstüre führte direkt in den *Salone* oder *Portego*, wie es auf Venezianisch heisst, einen Raum, der die ganze

Tiefe des Gebäudes einnimmt und das Herzstück der Wohnung bildet. Mit seinem Terrazzo-Boden und der spärlichen Möblierung unter einer hohen dunklen Balkendecke wirkte er sehr gross und sehr leer. Hier also sollte ich in den nächsten Wochen und Monaten Atem schöpfen, zur Ruhe kommen, Neues entdecken, was immer das hiess.

Nachdem Enrica mir die Wohnung gezeigt und anschliessend mit mir einkaufen gegangen war, sass ich bei einer Fertigsuppe und einem Glas Rotwein allein in der grossen Küche und versuchte mir vorzustellen, wie ich hier in den kommenden Wochen und Monaten leben würde. Vor den Fenstern war es dunkel geworden, der Winterhimmel verhangen, die Dächer nass, die Fernsehantennen schwankten im Wind. Durch das hohe, dreibogige Fenster des Salone ging der Blick geradewegs einen schmalen Kanal hinunter auf eine kleine gebogene Holzbrücke zu, über die unentwegt Menschen gingen: Menschen, die von rechts herkamen und nach links weitergingen, und Menschen, die von links auftauchten und nach rechts wieder verschwanden. Ich schaute ihnen zu, als wären es Figuren in einem Theaterstück, dessen Handlung ich nicht kannte. In den gegenüberliegenden Häusern gingen die Lichter an. Dunkel ragte die Rückseite der *Scuola Grande di San Rocco* ins Bild. Und dahinter erhob sich ein Kirchturm in den Nachthimmel. Was ein wenig aussah wie ein Minarett, war der Turm der *Chiesa di San Pantalon*. Tagsüber, so stellte sich später heraus, wirkt er grau, aber abends, wenn bei gutem Wetter das Licht auf ihn fällt, schimmert er rosa. Sein Geläut erklingt zuverlässig morgens um acht und abends um sechs. Es sollte mich begleiten, vier Monate lang.

Als eine Art Wegweiser für meinen Venedig-Aufenthalt hatte ich eine Postkarte eingesteckt, die ich ein paar Jahre zuvor in der Erfurter Predigerkirche gekauft hatte. «Der Mensch muss vielmehr eine innere Einsamkeit lernen, wo und bei wem es auch sei», steht darauf. Der Satz stammt von Meister Eckhart, der von 1294 bis 1311 an der Erfurter Predigerkirche gewirkt hatte. Ich hatte die Karte vorne in eines der leeren Moleskine-Hefte gelegt, die ich während meines Aufenthalts in Venedig als Tagebuch benützen wollte. Der Spruch Meister Eckharts war als Aufforderung gedacht, mich von äusserer Betriebsamkeit zu befreien und mich endlich mehr auf mich selbst zu besinnen. Ich hatte es mir fest vorgenommen: Distanz gewinnen, Atem schöpfen, zur Ruhe kommen, wie es im Einladungsbrief der Stiftung geheissen hatte.

Das war auch der Grund, warum ich zunächst allein hatte nach Venedig fahren wollen: nicht nur, um das Terrain zu sondieren, sondern auch um herauszufinden, ob ich es so ganz allein mit mir überhaupt noch aushielt. Als ich später an dem viel zu grossen Küchentisch sass und meine vorgefertigte Gerstensuppe löffelte, kamen mir erste Zweifel. Kurt, mein Partner und Begleiter seit bald 40 Jahren, fehlte mir schon jetzt. Und ich konnte mir im Moment auch nur schwer vorstellen, wie ich es hier vier Monate lang ohne konkrete Aufgabe und ohne festes Ziel aushalten sollte. Seit meiner Kindheit hatte es solches In-den-Tag-hinein-Leben nicht mehr gegeben. Ich musste es neu lernen und mir Beschäftigungen ausdenken, die mit Beruf und Broterwerb nichts mehr zu tun hatten: Venedig erwandern zum Beispiel, der Kunst nachgehen in Kirchen und Museen, dem Leben

Blick auf den Palazzo
Castelforte von der Scuola
Grande di San Rocco aus

in den Gassen, auf den Plätzen und den Kanälen zuschauen, Bücher lesen, Musik hören, Klavier spielen auf dem hauseigenen Flügel – oder auch einfach nur da sein, nachdenken und mich fragen, was das Leben noch mit mir vorhatte.

Das vorangegangene Jahr war turbulent gewesen. Im Spätsommer 2016 war mein autobiografisches Buch «Spurensuche» erschienen, in dem ich unter anderem davon berichtete, was es hiess, als adoptiertes Kind aufzuwachsen und von seinen leiblichen Eltern, ausser Namen und ein paar nüchternen Daten, so gut wie nichts zu wissen. Das Buch war auf viel Interesse gestossen und hatte mir neben erfreulichen Verkaufszahlen auch Begegnungen beschert, wie ich sie nicht mehr für möglich gehalten hatte: Begegnungen mit Verwandten, von denen ich bis anhin nichts gewusst hatte.

Es war etwa drei Wochen nach Erscheinen des Buches gewesen, da erreichte mich die Interview-Anfrage eines Redaktors des «St. Galler Tagblatts». Er wolle die Buchbesprechung mit einem Porträt der Autorin verbinden, sagte er. Der Redaktor hiess Rolf App. App, so viel wusste ich aus meinen Adoptionsunterlagen, hatte mein leiblicher Vater geheissen, den ich in Kapitel 5 meiner «Spurensuche» namentlich erwähne. Ich stimmte einem Treffen zu, und wir verabredeten uns für den 30. August im Hotel Schweizerhof in Zürich. Das Erste, was mein Gegenüber sagte, nachdem wir uns gesetzt hatten, war: «Dieser Josef App, von dem Sie in Ihrem Buch schreiben, war der Bruder meines Vaters.»

Der Satz traf mich wie ein Schlag. Benommenheit, Sprachlosigkeit, totale Leere. Dann schaute ich den Mann mir gegenüber an und sagte: «Das heisst, wir sind Cou-

sin und Cousine?» Und er antwortete: «Ja, so ist es.»
Ich musterte sein Gesicht und suchte nach Ähnlichkei-
ten. Ich fand keine, nur ein vages Gefühl von Vertraut-
heit, das ich nicht erklären konnte und das vielleicht
auch nur damit zu tun hatte, dass wir den gleichen Beruf
ausübten und, wie sich später noch herausstellen sollte,
viele gemeinsame Interessen hatten.

Rolf wusste nicht viel zu erzählen von dem Mann,
der mein Erzeuger war. Nur, dass in der Familie kaum je
von ihm gesprochen wurde und wenn, dann ausschliesslich negativ. «Wenn der kommt, bin ich nicht zu Hause», habe sein Vater jeweils gesagt. Daran erinnert er
sich und meint, es sei wohl um Geld gegangen und darum, dass die jüngeren Brüder den Älteren hätten unter-
stützen müssen. Josef App war der älteste Sohn einer
katholischen Familie mit sieben Kindern gewesen, die
noch vor dem Ersten Weltkrieg aus Südschwaben über
den Bodensee gekommen war und sich in Rorschach
niedergelassen hatte. Der Grossvater hatte dort eine
Schlosserei aufgebaut. Auf Fotos, die ich später zu sehen
bekam, thront der Patriarch zusammen mit seiner Gat-
tin wohlbeleibt inmitten seiner grossen Kinderschar,
neben sich den Stammhalter, einen jungen Burschen,
der wie ein Erwachsener gekleidet ist und doch noch
aussieht wie ein Kind: eine bürgerliche Familie, wie
sie im Buche steht, gut situiert und wohlanständig, die
Kinder brav, der Ruf der Sippe ohne Fehl und Tadel.
Irgendetwas musste da später schiefgelaufen sein. Aber
was? Auch Rolf wusste darauf keine Antwort.

Als ich von diesem Treffen nach Hause kam und Kurt
mich fragte, wie es gelaufen sei, sagte ich, gut, zu mehr
reichte es im Moment nicht. Für das, was ich soeben

15

erlebt hatte, fehlten mir die Worte. Ich hatte als junges Mädchen zwar immer von einer Begegnung mit diesem unbekannten Vater und seiner Familie geträumt. Seit ich Name und Herkunftsort meines Erzeugers auf meinen Adoptionsunterlagen entdeckt hatte, war ich in Gedanken immer wieder nach Rorschach gefahren, hatte die Dufourstrasse gesucht – die Adresse hatte ich aus dem Telefonbuch – und mich dem Anwesen genähert, das ich mir gross und herrschaftlich vorstellte. Doch jedes Mal, wenn ich die Hand hob, um an dem schmiedeeisernen Tor zu klingeln, brach der Tagtraum ab. In die Tat umgesetzt habe ich ihn nie. Das Thema Adoption war in unserer Familie ein Tabu gewesen, über das nicht gesprochen werden durfte. Als Kind spürte ich das und hörte irgendwann einmal auf zu fragen.

Warum ich auch später nie nach dem Verbleib meiner leiblichen Eltern geforscht habe, lässt sich heute nur mehr schwer beantworten. Im Falle meiner Mutter, von der ich wusste, dass sie nach meiner Geburt Jahre in einer psychiatrischen Anstalt verbracht hatte, war es wohl Angst gewesen. Sicher, ich hätte sie finden können, wenn ich gewollt hätte. Aber wollte ich es auch wirklich? Wollte ich einer Frau begegnen, die gezeichnet war von jahrelangen Aufenthalten in der Psychiatrie und die von mir vielleicht gar nichts mehr wissen wollte? Und auch im Falle meines Vaters war es vermutlich die Ungewissheit über seinen Zustand gewesen, die mich von einer ernsthaften Suche abgehalten hatte. Mit Sicherheit weiss ich es nicht mehr zu sagen. Es ist wie ein Filmriss, mein Gedächtnis versagt mir den Dienst, ich bekomme die Bruchstücke der Erinnerung nicht mehr zusammen. Und nun ist es zu spät. Die Onkel und Tanten, die hätten Auskunft geben können, sind alle tot. Der Vater bleibt die Leerstelle in meinem Leben. Die Trauer über den Verlust von etwas, das ich nie besass, habe ich tief in mir vergraben: eine verschlossene Tür, zu der ich keinen Zutritt mehr habe.

Vier Tage nach unserem Treffen im Hotel Schweizerhof erschien der Artikel über mich in der Wochenendausgabe des «St. Galler Tagblatts»: ein schöner Text, fein geschrieben und voller Verständnis für meine besondere Situation. In der Familie App musste er sich wie ein Lauffeuer verbreitet haben, denn es dauerte nicht lange, und es trafen Mails und Briefe von Cousins und Cousinen ein, die mich kennenlernen wollten. Spätere Nachforschungen ergaben, dass mein Vater drei Mal verheiratet gewesen war und ich auch Halbgeschwister hatte, einen Bruder aus der ersten, eine Schwester und einen Bruder aus der dritten Ehe. Von der ersten und der dritten Ehefrau soll er geschieden worden sein, die zweite sei ihm gestorben, hiess es. Über die Gründe der beiden Scheidungen liess sich nur rätseln. Handfeste Gründe musste es gegeben haben, denn leichtfertig liessen sich Frauen mit kleinen Kindern in den vierziger Jahren mit Sicherheit nicht scheiden. Aber was genau es gewesen war, wusste niemand zu sagen.

Ich startete zu einer Besuchstour durch die Ostschweiz und begegnete Menschen, die mich herzlich begrüssten und die froh zu sein schienen, dass sich die Lücke im Familienbild endlich schloss. Für alle war dieser Josef App der grosse Unbekannte gewesen. Gerüchte und Anekdoten hatten die Runde gemacht, Hinweise auf einen unsteten Lebenswandel, auf Schulden und Lügengeschichten, nichts Präzises und nichts, was

Blick aus der Wohnung
auf den Rio San Pantalon

den Kindern die Abwesenheit des Onkels und das familiäre Zerwürfnis zu erklären vermocht hätte. Doch irgendwann hatte man offenbar nichts mehr mit ihm zu tun haben wollen und schwieg ihn tot. Er sei nach Amerika ausgewandert, wollten die einen gehört haben. Anderen wurde gesagt, er sei gestorben.

Als meine Halbschwester und ich uns zum ersten Mal trafen, erzählte sie mir, sie habe den Vater für tot gehalten, bis sie im Jahr 1983 erfuhr, dass er tatsächlich gestorben war, ganz in ihrer Nähe, in einem Heim in Hombrechtikon, wo sie ihn ohne Weiteres hätte besuchen können. Und nicht anders war es seinem ältesten Sohn ergangen, der ebenfalls erst nach dem Tod des Vaters von dessen Beistand Näheres über die Lebensumstände des Mannes erfuhr, dem er sein Leben verdankte. Die Ehe der Eltern war früh geschieden worden. An die Jahre davor hatte er keine Erinnerungen. Und später durfte von der Vergangenheit nicht mehr gesprochen werden. Ein Schweigegebot auch hier, das uns Nachkommen das Fragen unmöglich gemacht hat.

Als wir uns zu einem ersten Gespräch trafen, zeigte mir mein Halbbruder ein verblichenes Farbfoto, auf dem ein sehr schmaler älterer Mann zu sehen ist, der eine Zigarette in der Hand hält und mit einem anderen älteren Mann Mühle spielt. Die Aufnahme war im Heim Brunisberg in Hombrechtikon gemacht worden, in dem er bis zu seinem Tod gelebt hatte. Es ist das einzige Bild und das einzige Erinnerungsstück, das der Sohn von seinem Vater besitzt. Ich fotografierte es mit dem Handy ab und legte es zu den Fotos, die ich von meiner Halbschwester und einer meiner Cousinen bekommen hatte. Es sind Bilder des Mannes, mit dem ich mich in jungen Jahren intensiv beschäftigt und den aufzuspüren ich doch nie gewagt hatte.

All das ging mir durch den Kopf, als ich an diesem ersten Abend in Venedig am Küchentisch sass und den Schritten und Stimmen lauschte, die aus den Wohnungen über oder neben mir kamen. Ich dachte darüber nach, was es hiess, auf einmal Verwandtschaft zu haben. Ich dachte darüber nach, was Verwandtschaft überhaupt bedeutet. Die so unerwartete Begegnung mit den Angehörigen meines leiblichen Vaters beschäftigte mich nach wie vor. Auf einmal durfte auch ich mich als Teil eines Familienverbandes fühlen, dessen Geschichte sich über Generationen zurückverfolgen lässt. Auf einmal war auch ich ein Glied in einer Kette und nicht mehr dieses lose Tau, das nirgendwo Halt findet. Eine Cousine, die sich mit Genealogie befasst, hat meinen Namen in den Familienstammbaum eingetragen. Und wenn wir uns treffen, suchen wir nach Gemeinsamkeiten. Manche behaupten, sie sähen die Ähnlichkeit auf den ersten Blick. Ich sehe sie nicht. Nur manchmal, wenn mich ein Blick aus diesen blauen Augen trifft, den die meisten von ihnen haben, dann klingt etwas in mir an, das ich nicht benennen kann.

Familie hatte in meinem bisherigen Leben nie eine grosse Rolle gespielt, und dies nicht nur, weil keine Blutsverwandtschaft bestand, sondern weil die verwandtschaftlichen Beziehungen bei uns zu Hause nicht sonderlich gepflegt wurden. Die Grosseltern mütterlicherseits, ja, die gehörten zu uns, weil sie mit uns unter einem Dach wohnten. Die Verwandten väterlicherseits, die in Bern lebten, sahen wir hingegen nur selten. Hin und wieder gingen wir die Eltern meines Vaters und seine beiden Brüder besuchen, nahmen da an einer Konfirmation und dort an einer Beerdigung teil oder empfingen Onkel und Tanten zum Gegenbesuch in Zürich. Eine engere Beziehung unterhielt ich nur zu einer zwei Jahre älteren Cousine, die mir deutsche Schlager beibrachte und erste Einblicke in ihr Liebesleben gewährte. Wirklich nahe aber stand mir eigentlich nur eine Cousine meiner Mutter, Oberschwester im Basler Bürgerspital, unverheiratet und Anthroposophin aus Überzeugung. Sie lebte in Dornach. Und weil ich mich eine Zeit lang ebenfalls für Anthroposophie interessierte, besuchte ich sie relativ oft. Bei einem dieser Besuche – ich muss 17 oder 18 Jahre alt gewesen sein – sagte sie zu mir: «Auf das Blut kommt es nicht an, Geistesverwandtschaft ist das, was zählt.» Der Satz kam mir wieder in den Sinn, als ich nach Erscheinen der «Spurensuche» meine Verwandtenbesuche absolvierte und mich fragte, was uns denn nun eigentlich miteinander verbindet. Reichen die Übereinstimmungen in der DNA aus? Oder braucht es mehr, um sich einander nahe zu fühlen? Gemeinsame Erinnerungen zum Beispiel oder gemeinsame Interessen? Und wenn ja, auf welche Art von Zugehörigkeit kommt es an: auf die genetisch bedingte oder auf die frei gewählte? Die Antwort lag im Grunde genommen auf der Hand. Ja, es war schön, so spät im Leben noch echten Verwandten zu begegnen, und einigen von ihnen fühle ich mich mittlerweile auch sehr verbunden. Aber war dieses Verwandt-Sein auch noch so wichtig, wie ich früher einmal gedacht hatte? Nein, müsste ich ehrlicherweise sagen, denn heute zählten für mich im Grunde ganz andere Dinge als Herkunft, Vererbung und Familie. Heute ging es nicht mehr um das Woher, sondern um das Wohin. Es ging darum, herauszufinden, was das Leben noch mit mir vorhatte, was ich mit diesem Leben noch vorhatte. Ich ging mit Riesenschritten auf die 80 zu und wusste nicht, wie viel Zeit mir noch blieb, um letzte Träume zu verwirklichen, letzte Aufgaben zu erledigen oder auch um mich vorzubereiten auf das Unbekannte, das mich erwartete.

Wenn mich mein Gefühl nicht trog, dann war dieser Aufenthalt in Venedig genau zur richtigen Zeit gekommen. Er war eine Zäsur. Er half mir, Unwichtiges hinter mir zu lassen und mich auf das Wesentliche zu besinnen. Aber was war es, dieses Wesentliche? Das fragte ich mich, als ich an diesem ersten Abend in Venedig etwas verloren durch die grosse Wohnung ging. Wie so oft waren meine Gefühle widersprüchlich. Ja, ich wollte mich allmählich zurückziehen und mich auf den bevorstehenden Abschied vorbereiten. Aber ich wollte auch leben, noch einmal so richtig leben, bevor es zu spät war: noch einmal gemeinsam mit anderen ein Projekt in Angriff nehmen, noch einmal eine weite Reise unternehmen, noch einmal ein grosses Fest feiern – und dann gehen, für immer. War es das eine oder war es das andere? Oder galt es die Spannung auszuhalten zwischen den beiden Extremen?

Vor dem Zubettgehen warf ich einen letzten Blick aus den runden Bogenfenstern des zentralen Wohnraums und schaute dem Schattenspiel zu, das die einsame Strassenlampe auf das nasse Pflaster warf. In den Fenstern der gegenüberliegenden Häuser waren die Lichter ausgegangen. Der Kanal glänzte schwarz in der Dunkelheit. Über die kleine Holzbrücke gingen keine Passanten mehr. Irgendwo da draussen lag Venedig und wartete auf mich. Ich würde es in den kommenden Wochen und Monaten erkunden, würde es erlaufen in allen vier Himmelsrichtungen und dabei vielleicht die eine oder andere Antwort finden auf die Fragen, die ich als unsichtbare Fracht mit nach Venedig gebracht hatte.

2

Eine Art zweite Pensionierung

Chiesa di San Pantalon
im Nebel

Eine Art zweite Pensionierung

Auf der Hausmauer unseres Palazzo steht es in schwarzen Lettern auf weissem Grund: *Parrocchia S. Maria Gloriosa dei Frari*. Wir gehören zur Pfarrgemeinde der Frari-Kirche, dem zwischen 1250 und 1280 erbauten Gotteshaus der Franziskaner, das zu den bedeutendsten gotischen Bauwerken der Stadt gehört. Ihr galt am späten Vormittag dieses grauen, regnerischen Tages mein erster Besuch. Als ich aus der Tür mit der Nummer 3106 trat, war das Plätzchen vor dem Haus menschenleer. Die Boote lagen wie seit Ewigkeiten vertäut vor den Häusern. Hie und da glitt eine Möwe mit hellem Schrei darüber hinweg. Das glattgetretene Pflaster war schwarz vor Nässe, und der Turm von *San Pantalon* ragte grau in den wolkenverhangenen Himmel. Um Punkt acht Uhr hatte ich seine Glocken läuten hören. Der Klang erinnerte entfernt an das Geläut im Tessin und kam mir schon ein wenig vertraut vor.

Vorsichtig machte ich mich auf den Weg: von der Tür aus nach links der Hausfassade entlang, dann scharf links an der *Scuola Grande di San Rocco* vorbei in die *Calle Tintoretto* einbiegen, die ihrerseits in die *Salizada San Rocco* mündet. Ich hatte den Weg vorher auf dem Stadtplan studiert und mir die Namen eingeprägt. Auf den überwältigenden Eindruck, den das Ensemble von *Scuola Grande* und *Chiesa di San Rocco* bietet, war ich indes nicht vorbereitet. Wie ein steingewordenes Bühnenbild beherrschen die beiden Bauwerke den kleinen Platz. Ein grossformatiges Foto der von Tintoretto ausgestatteten *Sala Maggiore* lädt zum Betreten der *Scuola* ein. Obwohl an diesem trüben Vormittag weit und breit keine Touristen zu sehen waren, verschob ich eine Besichtigung auf später. Ich kann mir Zeit lassen, sagte ich mir. Einfach den Tag beginnen lassen, da sein, warten und schauen, was er bringt. Es war ungewohnt, aber es war ein gutes Gefühl.

In der Frari-Kirche verweilte ich lange, liess das steil aufragende Bauwerk, die schlanken Säulen, das feine Masswerk der Fenster auf mich wirken, bestaunte die prunkvollen Sarkophage der Dogen und stand lange vor den Grabmälern der Künstler, die hier beigesetzt sind: Canova, Monteverdi und vor allem Tizian, dessen *Assunta* über dem Hochaltar die Frari-Kirche zu einem Wallfahrtsort für Kunstinteressierte gemacht hat.

Man muss das ganze lange Kirchenschiff entlanggehen und durch den Lettner des Mönchschors treten, bis man ihrer ansichtig wird. Sehr rot, sehr triumphierend, sehr bewegt fährt sie gen Himmel, die Menschen in ihrem Staunen und ihrem Erschrecken auf der Erde zurücklassend. Gerade einmal 30 Jahre alt war Tizian, als er diese Madonna 1518 in einem der erhabensten Momente ihres Lebens darstellte. Fast 60 Jahre später dann eine ganz andere Szene auf einem ganz anderen Bild: eine trauernde Muttergottes, vor dunklen Quadersteinen sitzend, den toten Sohn auf dem Schoss und rechts von ihr der heilige Hieronymus, ein alter, halbnackter Mann, in dem sich unschwer der Künstler selbst erkennen lässt. Der Raum des Bildes wirkt düster. Das

Licht ist erloschen, das brennende Rot der *Assunta* auf dem Mantel des Heiligen zu einem fahlen Dunkelviolett geronnen. Nach dem Willen Tizians hätte dieses Gemälde über seinem Grab in der Frari-Kirche hängen sollen: ein Mahnmal der Vergänglichkeit, beglaubigt durch den eigenen Zerfall und das eigene Sterben. Doch es kam anders. Der Künstler erhielt ein pompöses Grabmal aus Stein, und sein erschütterndes Memento hängt heute an der Wand eines viel zu engen, viel zu dunklen Ganges in den *Gallerie dell'Accademia*.

In der Frari-Kirche sollten Kurt und ich in den folgenden Monaten so etwas wie eine kirchliche Heimat finden: eine Heimat auf Zeit, die religiöse Gefühle weckte, die wir in letzter Zeit etwas vernachlässigt hatten. Besonders deutlich wurde uns dies während der Mitternachtsmesse am 24. Dezember. Da wurden zu Beginn Texte von und über Franziskus, den Patron der Kirche, gelesen. Einer davon stammte von Tommaso da Celano, dem ersten Biografen des Heiligen, und lautete: *«In quella notte, ad opera del santo servo Francesco, il fanciullo Gesù fu resuscitato nel cuore di molti che l'avevano dimenticato.»* (In dieser Nacht ist das Jesuskind mit Hilfe seines heiligen Dieners Franziskus im Herzen all jener, die es vergessen haben, wiedererstanden.) «Vielleicht gehören auch wir zu denen, die diesen Jesus vergessen haben», meinte Kurt, als wir um halb zwei Uhr morgens durch die dunklen Gassen nach Hause gingen. Ich wusste im Moment nicht, was ich darauf antworten sollte. Für mich, so dachte ich, trifft die Aussage sicher zu. Aber für Kurt? Ich hatte ihn, den Theologen und ehemaligen Kapuzinerpater, stets für religiös einigermassen gefestigt gehalten. Dass er seine Zweifel hatte, dass er mit Dogmen wenig anfangen konnte und die Kirche als Institution ihm eher fremd geworden war, wusste ich zwar, dachte aber, das Fundament seines Glaubens sei davon unberührt geblieben. In jener Nacht realisierte ich, wie wenig ich im Grunde von seinen innersten religiösen Gefühlen wusste.

Wir sind während unseres Venedig-Aufenthalts noch oft zur Messe in die Frari-Kirche gegangen. Die Art, wie dort Gottesdienste gefeiert wurden, gefiel uns. So familiär, so locker, so heiter kannten wir Kirche nicht. Nie fing die Messe pünktlich an. Dafür ging der gemütliche, alte Pater vor Beginn durch die Reihen und plauderte mit den Besuchern. Zum Friedensgruss rannten die Kinder los, um Familienangehörige zu umarmen und Fremden mit einem Lächeln die Hand zu geben. Und am Ende der Feier blieben die Gemeindemitglieder noch lange zwischen den Bänken stehen und unterhielten sich lautstark über Dinge, die wohl mit Religion nicht allzu viel zu tun hatten. Anschliessend trafen sich Gläubige und Geistliche zu einem Espresso im *Caffè Dersut* an der Ecke zur *Calle larga Prima*, die hinunter zur Vaporetto-Station *San Tomà* führt. In der Frari-Kirche, so denke ich heute, sind Kurt und ich dem «*fanciullo Gesù*» innerlich wieder ein wenig nähergekommen.

Es regnete noch immer, als ich wieder auf den Platz vor der Kirche hinaustrat. Er wirkte wie ausgestorben. Ein paar Tauben flatterten herum. Der Gondoliere hatte seinen Stammplatz neben der Brücke verlassen. Nur der Bettler kauerte auf seiner alten Wolldecke vor dem Kirchenportal, wie er dies all die Tage tun sollte, die wir in Venedig verbrachten. Und im *Caffè dei Frari* mit seinen bukolischen Wandmalereien aus dem späten

19. Jahrhundert sassen die Leute bei Prosecco und liebevoll dekorierten kleinen Canapés und wärmten sich die Hände. Ich betrat den Durchgang neben der Bar, überquerte einen kleinen Hof und erreichte durch eine schmale Gasse den *Rio Terà*, an dessen Ecke zur *Calle dei Saoneri* sich der *Mercato Conad* befindet. Hier hatte ich am Vorabend mit Enrica zusammen eingekauft. Er war leichter zu finden, als ich gedacht hatte. Ich hatte mir den Weg gemerkt, nicht topografisch, sondern anhand von Namen und Bildern: hier am Eingang zum Hof der Händler mit den Souvenirs, dem Glas, den Mützen, den T-Shirts, dann das Antiquitätengeschäft, die Buchhandlung, die Boutique mit Kunsthandwerk, das Schmuckatelier, der Laden mit den Handschuhen und Schals in allen Farben des Regenbogens – und gleich gegenüber der kleine Supermarkt, dessen Schaufenster mit Leuchtgirlanden weihnachtlich geschmückt waren und im Angebot hatte, was man zum täglichen Überleben brauchte. Ich nahm mir einen Korb und belud ihn mit all den Dingen, die mir im Haushalt noch fehlten: mit Obst und Gemüse, mit Joghurt und Käse, mit Nescafé und Wein – und sogar mit einem in Italien eher unüblichen Roggenbrot, das unter dem Namen *Pane svizzero* angeboten wurde. Als ich den Supermarkt schwer beladen wieder verliess, hielt mir jener Asylbewerber aus Afrika die Tür auf, der hier Tag für Tag bettelte und allen *Buon Natale* wünschte, die das Geschäft verliessen, auch denen, die ihm kein Geld in seine abgegriffene Mütze legten.

Zurück in der Wohnung wärmte ich mir eine der am Vorabend gekauften Fertigsuppen auf und scrollte mich durch die elektronische Ausgabe der «Neuen Zürcher

Zeitung». Aber was dann? Beunruhigt stellte ich fest, dass mir noch Stunden blieben, bis es Zeit war, schlafen zu gehen: Stunden des Nichtstuns, der Stille, der Leere. Ja, ich hatte das Alleinsein üben wollen, hatte mich sogar darauf gefreut und spürte jetzt schon, wie schwer es auszuhalten war. Ich war Alleinsein und Müssiggang nicht mehr gewöhnt. Es machte mir Mühe, die Zeit auszufüllen, die mir hier in Venedig fast unbeschränkt zur Verfügung stand. Ich hatte keine Verabredungen, keine Verpflichtungen, keine Ziele. Einfach nur da sein, mich mit mir selbst beschäftigen und warten, was auf mich zukam – das wollte ich doch und scheiterte jetzt schon daran, nach nur einem Tag. Das Klavierspielen half ein wenig über die Leere hinweg, im Kunstführer nach Sehenswürdigkeiten suchen ebenfalls. Lesen wäre eine Möglichkeit, aber ich wusste nicht, was. Fernsehen fiel weg, der Apparat war kaputt. In fünf Tagen kommt Kurt, sagte ich mir. Ich spürte, wie ich mich nach ihm sehnte.

An diesem späten Nachmittag realisierte ich zum ersten Mal, wie gross der Kontrast zwischen diesem Aufenthalt in Venedig und den hinter mir liegenden Monaten war. Ich musste mir Zeit lassen. Die Umstellung konnte nicht von heute auf morgen gelingen. 2017 war das Jahr der Lesungen aus meinem Buch «Spurensuche» gewesen. 2017 war aber auch ein Bruder-Klausen-Jahr. Gefeiert wurde der 600. Geburtstag des Heiligen, und ich war mit meinem 1981 erstmals ausgestrahlten und später als Buch erschienenen Hörspiel «Ganz nah und weit weg» zu zahlreichen Veranstaltungen eingeladen. Ich hatte Lesungen gemacht, Vorträge gehalten, an Festakten teilgenommen und daneben mein übliches Pen-

Basilika Santa Maria Gloriosa
dei Frari mit Tizians «Assunta»

sum an Buchbesprechungen, Kolumnen und Podiums-
veranstaltungen absolviert. 2017 war ein Jahr ganz nach
meinem Geschmack gewesen, eines der schönsten, seit
ich 2002 in Pension gegangen war. Ich hatte es genossen, dieses Gefühl des Gefragt-Seins, diese Anerkennung, das Herumreisen auch, obwohl es manchmal
mühsam war, spät nachts noch an einem gottverlassenen
Bahnhof zu stehen und auf eine leere S-Bahn zu warten.
Aber es hatte mir gutgetan, und nun war es vorbei. Seit
der Vertrag mit der Forbergstiftung unterschrieben war,
hatte ich alle Anfragen und Einladungen ausgeschlagen.
«Nein, das geht leider nicht», sagte ich, «mein Mann
und ich sind den ganzen Winter über in Venedig.» Wie
schön das klang, irgendwie mondän und sehr privile-
giert, und jeder verstand, dass er gegen eine solche Ver-
lockung keine Chancen hatte.

Doch nun sass ich da und tat mich schwer mit dem
Nichtstun und der Fülle der Zeit, die sich, statt verheis-
sungsvoll, nur noch leer anfühlte. Ganz unbekannt
waren mir diese Gefühle nicht. Ich kannte sie aus den
ersten Monaten nach meiner Pensionierung: Ich wollte
loslassen und krallte mich fest. Ich wollte zur Ruhe
kommen und suchte die Betriebsamkeit. Ich wollte mich
vom Leistungszwang befreien und tat alles, um immer
wieder neue Aufgaben zu ergattern, mich immer wieder
von Neuem zu beweisen. Vielen Pensionierten erging
es so, das wusste ich, seit ich mit meinem Buch «Ru-
hestand – nein danke» durch die Lande getingelt war.
Irgendwann hatte ich mich mit den Widersprüchen
abgefunden und gelebt, wie es mir passte. Doch nun
hatte ich eine zweite Chance bekommen, Abschied zu
nehmen und loszulassen: eine Art zweite Pensionierung.

Bevor ich an diesem verregneten Nachmittag in Venedig endgültig in Trübsal versank, fiel mir zum Glück ein, dass es da ja noch diese Einladung gab, die von der Forbergstiftung an mich weitergeleitet worden war: Saisoneröffnung im *Centro Tedesco di Studi Veneziani* und Antrittsvorlesung der neuen Direktorin Marita Liebermann zum Thema *Ponti – incontri tra le rive* (Brücken – Begegnungen zwischen den Ufern), ein Sujet wie gemacht für jemanden, der neu war in Venedig und begierig, mehr über das Wesen dieser so besonderen Stadt zu erfahren. Die Brücken, von denen es in Venedig weit über 400 geben soll, gehörten definitiv dazu. Manche, vor allem die kleineren und abseits gelegenen, sind namenlos. Aber ich hatte auf dem Stadtplan auch einen *Ponte del Inferno* und einen *Ponte del Purgatorio*, einen *Ponte dei Apostoli* und einen *Ponte del Cristo* entdeckt. Und später, bei einem Besuch in der *Trattoria Antiche Carampane*, sollte ich sogar von einem *Ponte delle Tette* erfahren: einer Brücke der Busen oder Titten, wie es auf Deutsch heissen würde. Er verdanke seinen Namen dem Umstand, so hiess es, dass sich dort früher die Prostituierten im Auftrag der Stadt am offenen Fenster präsentieren mussten, um mit ihren nackten Busen die Männer von «ungesunden» – sprich: schwulen – Gelüsten zu kurieren. Ob das Bemühen erfolgreich war, ist nicht überliefert.

Über solche Details sagte die neue Direktorin zwar nichts, dafür umso mehr über die Metaphorik der Brücke, über ihre Fähigkeit, zu verbinden und zu trennen, und ihre Bedeutung als grenzüberschreitendes Zeichen der Vielfalt in Zeiten von Flucht, Migration und dem weltweiten Austausch von Waren und Ideen: ein schö-

Innenansicht der Wohnung

ner, ein passender Einstieg in die Tätigkeit an einem Institut, das sich dem Studium der Stadt in all ihren Facetten verschrieben hat. Es vergibt Stipendien, besitzt eine umfangreiche Bibliothek und lädt regelmässig zu Tagungen, Konzerten und Vorträgen, die öffentlich zugänglich sind.

Nur gefunden werden musste das an der *Calle Cornèr* gelegene Gebäude mit dem schönen Namen *Palazzo Barbarigo della Terrazza*, und das war gar nicht so einfach. Vom *Canal Grande* her wäre es kein Problem gewesen. Man sieht die ockerfarbene Fassade von Weitem, und seine ausladende Terrasse mit der weissen Balustrade ist jedem vertraut, der sich schon einmal einen Brunetti-Film im Fernsehen angeschaut hat. Da heutzutage aber kaum mehr jemand in der Gondel vorfährt, muss man den Palazzo von hinten betreten, von der Gasse her, und die ist so eng, so dunkel und so verwinkelt, dass es einige Überwindung kostet, sie bei Dunkelheit zu betreten.

Auf dem Stadtplan sah alles noch recht einfach aus: auf dem *Campo San Tomà* an der Kirche vorbei in die *Calle dei Nomboli* einbiegen, dann beim *Museo Goldoni* rechts abzweigen in die *Calle Pisani* und dort jenen namenlosen Durchgang finden, der zur *Calle Cornèr* führt. In der Realität war es dann allerdings viel komplizierter. Die *Calle dei Nomboli* verlief anders, als ich es mir vorgestellt hatte, von einer *Calle Pisani* war nichts zu sehen, und hätte ich nicht aus der Ferne das vertraute Bild Goldonis an der Fassade des ihm gewidmeten Museums gesehen, ich hätte wohl die Gasse nicht gefunden, die über drei Ecken zum Eingangsportal des *Palazzo Barbarigo della Terrazza* führt.

Als ich nach dem Vortrag und dem anschliessenden kleinen Empfang auch den Heimweg trotz Dunkelheit und Regen einigermassen problemlos wiederfand, war ich stolz. Ich fühlte mich in Venedig nicht mehr ganz so fremd wie noch ein paar Stunden zuvor. Und als ich am *Campiello Castelforte* die Haustür mit der Nummer 3106 öffnete und die 54 steilen Marmorstufen erklomm, begriff ich, was es heisst, in Venedig zu wohnen, statt in einem Hotel zu logieren. Es fühlte sich ein bisschen an wie Nach-Hause-Kommen. An der Garderobe hing mein buntgestreifter Schal, und auf dem Flügel lagen die Noten, die ich aus der Schweiz mitgebracht hatte.

In den Augen der Venezianer sollte ich zwar bis ans Ende meines Aufenthalts eine Fremde bleiben, der man auf Englisch antwortete, obwohl sie auf Italienisch gefragt hatte. Aber meine eigene Befindlichkeit war schon jetzt eine andere. Ich war keine Touristin mehr, ich war ein Gast. Obwohl ich hier nur vorübergehend wohnte, fing ich an, so zu tun, als wäre es für immer. Und hoffte, dass mit der Zeit auch jener typisch touristische Druck von mir abfiel, ja nichts zu verpassen und jeden Tag etwas Neues sehen zu müssen. Natürlich würden wir uns in den kommenden Wochen und Monaten auch die berühmten Sehenswürdigkeiten Venedigs anschauen: die *Basilica di San Marco* und den Dogenpalast, die *Gallerie dell'Accademia* und das *Museo Civico Correr*, die Insel San Giorgio Maggiore, die beiden grossen Votivkirchen *Santa Maria della Salute* und *Il Redentore*, die Gemäldesammlungen in der *Cà Rezzonico* und der *Cà d'Oro* und auch den *Fondaco dei Tedeschi*, von dessen Dachterrasse aus man einen einmaligen Blick über die Stadt geniesst. Aber eben nicht nur. Ich wollte Venedig auch dort erfahren, wo es ganz alltäglich, ganz gewöhnlich ist. Und ich wollte Schönheiten entdecken, die in keinem Reiseführer zu finden sind. Wenn wir den Mut aufbrächten, uns im Gewirr der *Calli* und *Campi* zu verlieren, würde es gelingen, da war ich mir sicher.

3

Leben muss man, leben und sonst nichts

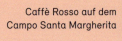

Caffè Rosso auf dem
Campo Santa Margherita

Leben muss man, leben und sonst nichts

Am nächsten Tag regnete es zwar nicht mehr, aber der Himmel war noch immer verhangen, die Luft kalt und feucht. In der Nacht war ein heftiger Wind aufgekommen. Das Haus ächzte, ein loser Fensterladen schlug gegen die Wand. An Schlaf war nicht zu denken.

Nach einem späten Frühstück und einer Stunde am Klavier brach ich zu einer weiteren Erkundungstour auf, ging diesmal aber bei der *Scuola* nicht nach links Richtung Frari-Kirche, sondern an deren Rückseite vorbei über die kleine steinerne Brücke, durch die *Calle fianco della Scuola* und die *Calle dei Preti* zum *Campo San Pantalon*. Ich wollte die Kirche sehen, deren Geläut ich schon jetzt nicht mehr missen mochte. In seiner heutigen Form stammt der Bau aus dem späten 17. Jahrhundert und ist mit der aus rohen Backsteinen gefügten Fassade so unscheinbar, dass er leicht zu übersehen ist. Auch sein Inneres wirkt wenig einladend. Das der Apotheose des heiligen Pantaleon gewidmete Deckengemälde soll zwar eines der grössten der Welt sein, aber die Leinwände sind so nachgedunkelt, dass sich von unten kaum mehr etwas erkennen lässt. So schaute ich mich denn nur kurz um und wollte die Kirche schon wieder verlassen, als ein älterer Mann, der im Halbdunkel an einem Tisch mit Ansichtskarten sass, mich auf eine Seitenkapelle hinwies, die ich übersehen hatte.

Ich betrat sie, und als das Licht anging, erstrahlte vor mir ein Kunstwerk, das ich in dieser eher unbedeutenden Kirche nicht vermutet hätte: eine «Marienkrönung» von Antonio Vivarini aus dem 15. Jahrhundert, ein Gemälde in Gold, Rot und Blau, auf dem sich Dutzende nackter Putti und prunkvoll gekleideter Heiliger um den Thron Mariens drängen, gekrönt von Gottvater und den himmlischen Heerscharen, deren Schwingen sich in der Weite des Himmels verlieren. Was für eine Stadt, dachte ich, die es sich leisten kann, Schätze von solchem Rang in düsteren Seitenkapellen zu verwahren, wo sie kaum jemand zu sehen bekommt! Es sollte nicht die letzte Überraschung sein, die mich in den folgenden Wochen im Verborgenen erwartete, aber es war die erste und daher unvergesslich.

Nachdem ich dem freundlichen Mann am Kartentisch für seinen Hinweis gedankt und die kalte Kirche verlassen hatte, führte mich mein Weg über eine weitere kleine Brücke zum *Campo Santa Margherita*. Man konnte diesen weiten Platz bei schönem Wetter vom Fenster unserer Wohnung aus am Ende des *Rio San Pantalon* in der Sonne leuchten sehen. An diesem trüben Wintertag aber lag er kalt und verlassen da. Die Bäume waren kahl, die roten Bänke leer. Nur an den beiden Fischständen herrschte Betrieb. Hausfrauen unterhielten sich mit den Händlern über den jüngsten Fang, Möwen warteten streitlustig auf Abfälle. Aus den Gassen kamen Männer mit Hüten und einer Zeitung unter dem Arm. Laut schwatzend eilten Studentinnen und Studenten von der nahen Universität über den Platz. Es war Mittag, Zeit, sich aufzuwärmen und in einer Bar etwas Kleines zu essen.

Ich setzte mich in einem Lokal, das sich *Osteria-Cicchetteria* nennt, ans Fenster, bestellte mir ein Glas Weisswein sowie zwei dieser kleinen belegten Brötchen, die hier *Cicchetti* heissen, und schaute hinaus auf den Platz. Er lag vor mir wie eine grosse Bühne. Ich wusste zwar nicht, wie das Stück hiess, das hier aufgeführt wurde, aber ich verfolgte es interessiert und verstand es auch ohne Worte. Es war der Alltag, der ganz gewöhnliche venezianische Alltag, der sich da vor meinen Augen abspielte. Es war dieser Alltag, den zu entdecken ich mir vorgenommen hatte. Nichts Spektakuläres, kein barocker Pomp und auch kein filmreifer Zerfall, sondern einfach nur das, was sich auch hier das tägliche Leben nennt: zur Arbeit gehen, Essen einkaufen, mit Nachbarn schwatzen, Vorlesungen besuchen – und immer mal wieder innehalten und in irgendeiner Bar im Stehen einen Kaffee oder ein Glas Weisswein trinken, das hier den schönen Namen *ombra* trägt, ein Schatten, ein Hauch nur, nicht der Rede wert und doch erquickend in der Mittagspause oder am Ende eines langen Arbeitstages.

Hier auf dem *Campo Santa Margherita* gab es ihn noch, diesen ganz gewöhnlichen venezianischen Alltag, und auch anderswo abseits der grossen Touristenströme konnte man ihn finden: in *Castello* draussen zum Beispiel und in *Cannaregio*, aber auch in *Santa Marta* unten am Giudecca-Kanal oder im Gassengewirr, das sich von der Kirche *San Francesco della Vigna* bis hinunter zur *Riva degli Schiavoni* erstreckt. Er hat etwas Geschäftiges an sich, dieser Alltag, auch wenn niemand besonders in Eile zu sein scheint. Mit Hetzen, das sollte ich bald merken, kommt man in Venedig ohnehin nicht weit. Dazu sind die Gassen zu eng, besonders bei schlechtem

Wetter, wenn die Stege gegen das Hochwasser den Weg versperren und auch noch Schirme aneinander vorbeimanövriert werden müssen. Und immer wieder sind da Brücken und Treppen, die einen zwingen, das Tempo zu drosseln. Venedig entschleunigt, zwingt den Besuchern seinen eigenen Rhythmus auf. Autos gibt es keine, Fahrräder auch nicht. Schnell sind hier nur die privaten Taxiboote unterwegs. Das Tempo der Lastkähne und Vaporetti hingegen ist gemächlich, gemessen an den Geschwindigkeiten, wie wir sie vom Festland her kennen.

Der Eindruck, in einer Loge zu sitzen und einer Theateraufführung beizuwohnen, stellte sich in den nächsten Wochen immer wieder ein, wenn wir durch die Stadt streiften und aus schmalen Gassen hinaus auf Plätze traten, die wir bisher gar nicht oder nur dem Namen nach gekannt hatten: den *Campo San Polo*, den *Campo San Giacomo dell'Orio*, den *Campo Sant' Angelo*, den *Campo Bandiera e Moro* und wie sie alle heissen. Ein jeder von ihnen hat seine eigene Form und seinen eigenen Charakter. Manche wirken majestätisch, andere verträumt. Manche sind mit Bäumen bepflanzt, manche weit und leer und von Gebäuden gesäumt, die bald gebieterisch in die Höhe ragen, bald sich bescheiden aneinanderducken. Ihren Namen verdanken sie meist einer Kirche, seltener einem Denkmal. Sie sind die Knoten, die das Netz der Gassen zusammenhalten. Sie sind die Fixpunkte in einer Stadt, die flüchtig ist wie das Wasser, dem sie abgerungen ist.

Der *Campo Santa Margherita* sollte während meines Venedig-Aufenthalts zu meinem Lieblingsplatz werden. Hier kaufte ich ein: Obst und Blumen am Stand neben dem Kiosk, Meeresgetier an einem der beiden Fischstände und Gegenstände des täglichen Gebrauchs in einem Geschäft, das sich *Mini Market* nennt und alles führt, was man im Haushalt benötigt. Wenn mich hingegen nach frischem Gemüse verlangte, dann machte ich mich zum Gemüseschiff vor dem *Campo San Barnaba* auf, wo man vom Boot her bedient wird und all das Grünzeug bekommt, das selbst im Winter auf Venedigs Gemüseinsel *Sant' Erasmo* gedeiht: *Cavolo Nero* zum Beispiel, *Cima di Rapa* oder *Barba dei Frati* – und natürlich *Carciofi*, Artischocken aller Sorten und Grössen, mächtige dunkelgrüne Köpfe, die man im Salzwasser kocht, kleine, lilafarbene, die schon gerüstet sind und nur noch in Öl gedämpft werden müssen, und schliesslich die bereits ausgelösten Böden, die in Zitronenwasser schwimmen, damit sie sich in der Luft nicht verfärben.

Auf dem *Campo Santa Margherita* konnte man aber auch einfach nur sitzen: in einer der vielen Bars, drinnen an wackligen Tischen oder, wenn das Wetter es zuliess, auch draussen vor einem der zahlreichen Cafés. Am liebsten sass ich im *Caffè Rosso*, das so heisst, weil der Holzrahmen rund um die Fensterfront rot gestrichen ist. Für einen originelleren Namen hat es offensichtlich nicht gereicht. Dafür sind die Preise moderat, die Kellner fix und die Besucher jung und gesprächig. Das *Caffè Rosso* hatte ich an jenem kalten Dezembertag zum ersten Mal aufgesucht, um nach dem Wein und den *Cicchetti* noch einen *Caffè Macchiato* zu trinken. Aber ich wusste gleich, dass es nicht das letzte Mal sein würde. Ich fühlte mich wohl in diesem unprätentiösen und etwas vergammelten Lokal, in dem Studenten sich zum Diskutieren trafen und die Handwerker aus der Umgebung auf einen schnellen Kaffee vorbeikamen. Es liess sich hier

Chiesa di San Pantalon
im Abendlicht

wunderbar sitzen und über das Leben nachdenken – *«meditando e scrivendo»*, wie weiland Richard Wagner, der mit diesen Worten auf einer Gedenktafel im *Caffè Levana* auf dem Markusplatz verewigt ist.

Im Büchersalon des Zürcher Kulturhauses Kosmos war ich noch kurz vor meiner Abreise nach Venedig auf eine Postkarte mit einem Spruch des Münchner Literaten Oskar Maria Graf gestossen, der lautete: «Leben, leben muss man, meine ich, leben und sonst nichts. So einfach klingt das, und keiner kann's.» Dieser Satz kam mir in den Sinn, als ich durch die nicht mehr ganz saubere Scheibe des *Caffè Rosso* auf den Platz hinausschaute. Ja, der Satz klang einfach, und er hätte mich wohl kaum angesprochen, wenn nicht auch ich mich zu denen zählte, die «es nicht konnten». Die Frage war nur: Warum eigentlich nicht? Was hatte mich daran gehindert, was hinderte mich noch immer daran, zu leben, einfach nur zu leben – und sonst nichts? War es mein Pflichtbewusstsein? Waren es die Ansprüche, die an mich gestellt wurden, die ich selbst an mich stellte? Oder waren es am Ende gar Ausflüchte, die ich brauchte, um mich vor der Konfrontation mit mir selber zu drücken? Eine schlüssige Antwort zu finden, war gar nicht so einfach. Es hatte all die Jahre so vieles gegeben, was dieser Art zu leben entgegengestanden hatte. Die Schule musste absolviert, das Studium vorangetrieben, der Beruf engagiert ausgeübt werden. Freundschaften wollten gepflegt und Eltern betreut sein, nachdem sie alt und hilfsbedürftig geworden waren. Und dann war da auch noch die Liebe gewesen! Ja, die Liebe hatte eine grosse Rolle gespielt und enorm viel Platz eingenommen in meinem Leben. Zu viel, denke ich manchmal, wenn ich zurückschaue.

Doch jetzt im Alter, sagte ich mir, könnte doch eigentlich so manches anders werden. Meine Eltern sind tot, meine beruflichen Ambitionen an ein Ende gekommen. Und auch um die Liebe ist es ruhiger geworden. Kurt und ich sind seit bald 40 Jahren ein gut eingespieltes liebendes Team. Wir sorgen füreinander. Wir diskutieren zusammen und tauschen uns aus, lustvoll und ununterbrochen, der Stoff geht uns nie aus. Wir kennen unsere Stärken und besser noch unsere Schwächen. Wir sehen sie uns nach und lassen einander gewähren. Unsere Beziehung ist eng, aber sie ist nicht symbiotisch. Sie erlaubt uns auch, eigene Wege zu gehen, ohne uns dabei aus den Augen zu verlieren. Es gibt also im Grunde nichts, was mich davon abhielte, mein Leben so zu gestalten, wie ich es gerne möchte. Ich bin frei zu entscheiden, welche Veranstaltungen ich besuchen, welche Aufträge ich annehmen, an welchen Projekten ich mich beteiligen will. Es gibt keinen Zwang mehr von aussen, es gibt keine Abhängigkeiten mehr und keine Vorschriften. Ich muss nicht mehr, ich darf. Oder besser: Ich dürfte, wenn ich mir denn nicht immer wieder selbst im Wege stünde und mir einbildete, an Geltung zu verlieren, wenn ich keine Leistung mehr erbringe.

In Venedig, so dachte ich, als ich an diesem trüben Morgen im *Caffè Rosso* sass und mich an dem Stimmengewirr um mich herum erfreute, in Venedig könnte mit all dem Leisten- und Sich-beweisen-Müssen ein für alle Mal Schluss sein. In Venedig erwartete niemand etwas von mir. Niemand kannte mich. Niemand stellte Ansprüche an mich – nicht einmal der noble Stifter, der mir diesen Aufenthalt ermöglicht hatte. «Keinerlei Verpflichtung» hatte es im Einladungsschreiben geheissen.

Ich sollte das Angebot ernst nehmen, sagte ich mir, und in den nächsten Wochen und Monaten versuchen, einfach nur da zu sein, zu schauen, zu leben – und dabei herausfinden, was mir noch wichtig war und was nicht.

Schon während der Arbeit an meinem Erinnerungsbuch «Spurensuche» hatte ich erkannt, wie sehr ich auf Leistung getrimmt und auf Anerkennung von aussen angewiesen war. Davon, so hatte ich mir vorgenommen, wollte ich wegkommen, wollte endlich spüren, was es bedeutete, dass der Mensch ist, was er ist, und nicht was er hat oder was er leistet. Klar, ich hatte meinen Beruf geliebt und mir keinen anderen gewünscht. Er hatte mich auf Trab gehalten, hatte meine Neugier befriedigt und es mir erlaubt, schreibend und kommentierend am gesellschaftlichen Diskurs teilzuhaben. Ich hatte dabei Befriedigung gefunden und Wertschätzung empfangen und bis ins hohe Alter hinein erlebt, wie schön es ist, gefragt zu sein. Ich hatte es genossen, ich genoss es weiterhin. Doch nun wollte ich mich langsam, aber sicher davon lösen und mich meinen persönlichen Anliegen widmen: meinem Mann, meinen Freundinnen und Freunden, meinen Büchern, meinen Reisen, dem einen oder andern Projekt, das mir am Herzen lag, und vor allem mir selbst. Die Zeit, die mir noch blieb, war so kurz. Wozu sie vergeuden mit Äusserlichkeiten? Warum sich auf Verpflichtungen einlassen, die nur noch dem Ego schmeichelten? Warum sich in Aktivitäten stürzen, die nur der Ablenkung dienten?

Von diesen Bedürfnissen, so hoffte ich, würde der Aufenthalt in Venedig mich befreien. Deshalb hatte ich mir fest vorgenommen, mir nichts vorzunehmen. Nur ein Tagebuch wollte ich führen, um festzuhalten, wo ich wann gewesen und was ich wann gemacht, gesehen und gedacht hatte. Ich habe es durchgehalten vom ersten bis zum letzten Tag, und es hilft mir jetzt beim Schreiben, mich zu erinnern. Es sagt mir, welche Kirche, welches Museum ich an welchem Tag besichtigt, wo ich mit Kurt gegessen, was ich wann gelesen und wie ich mich Tag für Tag gefühlt hatte: leer manchmal, weil ich kein Ziel vor Augen hatte, ängstlich auch, weil ich nicht wusste, was auf mich zukam, und dann wieder ganz leicht, wenn ich realisierte, dass nichts von mir erwartet wurde und ich den Augenblick geniessen konnte, als wäre es für immer.

4

Eine Schule des Sehens

Tizians «Pieta» in den
Gallerie dell'Accademia

QVOD TITIANVS INCHOATVM

Eine Schule des Sehens

Die *Gallerie dell'Accademia* hatte ich gleich zu Beginn meines Aufenthalts in Venedig ein erstes Mal besucht. Und war dann immer wiedergekommen, mal allein, mal zusammen mit Kurt oder mit Freunden, die bei uns zu Besuch waren. Bei meinem ersten Rundgang durch das weitläufige Gebäude war ich so gut wie allein. Die Ausschilderung war schlecht und Aufsichtspersonal nirgends zu sehen. So zog ich aufs Geratewohl hin los und geriet in einen Saal, der die Malerei des 14. und 15. Jahrhunderts beherbergte: Veneziano, Vivarini und wie sie alle heissen, flächige, noch ganz byzantinisch wirkende Heiligendarstellungen auf dunkel schimmerndem Goldgrund. Von da führte mich eine Holztreppe in einen Raum, über dessen Portal Tizian seinen «Tempelgang Mariens» angebracht hatte: eine pompöse Szenerie mit viel Volk vor prunkvoller Architektur – und das kleine Mädchen, Maria, sehr allein und wie von innen leuchtend auf seinem Weg über die gewaltige Treppe hinauf zum Tempel. Nachdem ich lange vor diesem Bild verweilt hatte, ging ich weiter und landete schliesslich in dem Saal mit den Madonnen Bellinis, diesen in immer wieder neuen Varianten gemalten Porträts junger Frauen, die so anmutig und gleichzeitig in sich gekehrt wirken, als ahnten sie schon, was dem Kind auf ihrem Arm einmal widerfahren würde.

Eines der Bilder prägte sich mir besonders ein. Es zeigt die Gottesmutter mit einem, laut Beschriftung, «schlafenden Jesuskind» auf dem Schoss, einer seltsam langgestreckten, fast ausgemergelten Gestalt, die für ein Neugeborenes viel zu gross ist. Das Jesuskind sieht aus, als sei es bereits gestorben. Ob es sich hier um eine Vorwegnahme der Passion, um eine Art Pietà avant la lettre, handelte? Einen Hinweis darauf fand ich nirgends, aber die Darstellung berührte mich: diese Allgegenwart des Todes, dem Leben eingeschrieben, von Anfang an. Ich sollte ihr kurz darauf noch einmal begegnen, eindrücklicher noch und schärfer akzentuiert als bei Bellini: in jener *Pietà* von Tizian, die statt über seinem Grab in der Frari-Kirche jetzt hier in den *Gallerie dell'Accademia* hing.

Mir wurde bang, als ich zum ersten Mal vor diesem nachtschwarzen Bild stand, aus dem mit den Farben auch aller Jenseitsglaube des Künstlers gewichen schien. Und ich fragte mich, ob es das war, dieses Dunkle, Ausweglose, dieses Zugrundegehen ohne Aussicht auf Rettung, was auch mich einst erwartete am Ende meiner Tage. Mein Verstand sagte Ja, vorstellen konnte ich es mir nicht. Schon gar nicht hier in dieser Stadt, die so offensichtlich dem schönen Schein huldigt und mit Grandezza über den drohenden Zerfall hinwegsieht. Oder täuschte dieser erste flüchtige Eindruck und hatte Venedig sich nur deshalb von Malern wie Tintoretto, Veronese oder Tiepolo so stolz und so prächtig darstellen lassen, weil es sich seines wirtschaftlichen und politischen Niedergangs bereits mit aller Deutlichkeit bewusst war?

Venedig war eine bedrohte Stadt. Sie war es immer gewesen und ist es heute mehr denn je. Aber sie trotzte der Gefahr, indem sie sich den Niedergang schönmalte und die Allgegenwart des Todes in festlichem Treiben zu vergessen suchte. Ich sah in Venedig Passionsdarstellungen, die angesichts des Leidens Christi allen Prunk aufboten, der dieser Stadt zur Verfügung stand. Und ich entdeckte in manch ausgelassener Karnevalsszene eine Düsternis, als gelte es, hinter vorgehaltener Maske der Angst vor dem nahen Tod Paroli zu bieten. Schönheit und Zerfall lagen hier nahe beieinander. Lebenslust konnte jederzeit in Melancholie, Trübsinn in ausgelassene Fröhlichkeit umschlagen.

Die *Gallerie dell'Accademia* sind mir während meines Aufenthalts in Venedig zu einer Art Schule des Sehens, aber auch zu einem Ort der Besinnung geworden. Mit der Zeit hatte ich Lieblingsbilder, die ich immer wieder aufsuchte: Palma il Vecchios vor Farbigkeit glühende *Sacra Conversazione* zum Beispiel, die in idyllische Landschaft eingebettete *Madonna dell'Arancio* von Cima da Conegliano, Tintorettos Gottvater, der am fünften Schöpfungstag die Vögel und die Fische wie ein Sturmwind vor sich hertreibt, oder «Das Kreuzeswunder auf der Rialto-Brücke» von Vittore Carpaccio, das im Gewühl der Schaulustigen von damals die Touristenmassen von heute vorwegzunehmen scheint. Am längsten aber verweilte ich stets vor Giovanni Bellinis Madonnen. Sie berührten mich nicht nur ihrer künstlerischen Bedeutung wegen, sie weckten auch Gefühle in mir, die ich längst für verstummt gehalten hatte: die Sehnsucht nach einem eigenen Kind.

Lange Jahre war die verpasste Mutterschaft für mich kein Thema mehr gewesen. Ich hatte es ad acta gelegt. Ich wollte davon nichts mehr wissen. Erst jetzt im Alter tauchte die Frage wieder auf, was es für mich bedeutet hätte, Kinder zu haben. Mein Leben wäre mit Sicherheit anders verlaufen, komplizierter vermutlich, aber auch erfüllter. Vor allem aber wäre da nicht immer dieses Gefühl gewesen, dass etwas fehlte und all mein Bemühen, im Leben Fuss zu fassen, vergeblich gewesen war. Wenn ich einmal tot bin, sagte ich mir, bleibt nichts übrig von dir. Es ist, als habe es dich nie gegeben.

Mit Unsterblichkeitsfantasien hatten diese Anwandlungen nichts zu tun. Ich glaubte nicht an ein Weiterleben nach dem Tod. Aber ich hätte mir Kontinuität gewünscht – und vielleicht auch einen Menschen, der zu mir gehörte, gleichsam selbstverständlich und ohne Bedingung. Stattdessen stand ich vor dieser doppelten Ungewissheit. Anfang und Ende meines Lebens lagen im Dunkeln. Ich wusste nicht, woher ich kam, ich wusste nicht, wohin ich ging, und es gab nichts, was mich hielt im Fluss des Lebens. Ob ein Kind etwas an diesem Gefühl der Leere geändert hätte? Ich weiss es nicht.

Als ich nach meinem ersten Besuch der *Accademia* mit dem Vaporetto Nr. 2 nach Hause fahren wollte, konnte ich die Haltestelle nicht finden. Sie sei der Bauarbeiten an der Brücke wegen verlegt worden, hatte mir die Billettverkäuferin zu erklären versucht, doch ich hatte sie nicht verstanden. So beschloss ich denn kurzerhand, mich zu Fuss auf den Heimweg zu machen. Der Stadtplan, den ich immer bei mir trug, sagte mir, dass ich beim Verlassen des Museums links die kleine Brücke überqueren und in die *Calle della Toletta* einbiegen musste, die mich auf direktem Weg zum *Campo San Barnaba* und von da via *Campo Santa Margherita* und *Campo San Pantalon* zum *Campiello Castelforte* bringen würde.

Doch bevor es so weit war, stiess ich noch auf diese kleine Bar, die von aussen so herrlich altmodisch und einladend aussah. *Bar ae Maravegie* hiess sie, war winzig klein, kuschelig warm und bot kleine belegte Brötchen an, die sich hier *Topolini*, Mäuschen, nannten. Zwei Stück davon kosteten zusammen mit einem Glas Weisswein 7.50 Euro im Sitzen, im Stehen wäre es ein Euro weniger gewesen. *Maravegie* sei venezianisch, erklärte mir der Wirt, und komme vom italienischen *meraviglia*, was Überraschung, Erstaunen, Wunder bedeutet. Konnte es eine treffendere Bezeichnung für eine Venedig-Besucherin wie mich geben, die eben erst dabei war, sich in dieser Stadt zurechtzufinden?

Beim Weitergehen stellte ich fest, wie sich die Angst davor, mich zu verirren, allmählich verlor und ich eine Sicherheit gewann, die mir das Gehen leicht machte. Nachdem ich wieder im *Palazzo Castelforte* angekommen war, schrieb ich in mein Tagebuchheft: «Wieder das Erlebnis des Sich-treiben-Lassens ohne Absicht, ohne Ziel. Ich spüre nicht einmal mehr die schmerzenden Füsse. Das Auge wird reich beschenkt: durch Kunst, durch Architektur, aber auch einfach nur durch Farben auf abblätternden Fassaden, durch Ausblicke von Brücken, durch die scheinbar willkürlichen Umrisse eines *Campo*. Schön auch das Wiedererkennen von Ecken, an denen man tags zuvor schon vorbeigekommen war. Man müsste ein Buch schreiben – oder ein Gedicht – nur über die Namen der *Calli: Amor dei amici* zum Beispiel.»

Ich habe das Buch nicht geschrieben, aber ich freute mich jedes Mal von Neuem, wenn ich bei meinen Streifzügen durch die Stadt so sprechende Ortsbezeichnungen wie die *Calle della Rabbia* oder die *Calle della*

Scimmia, die Wut- und die Affengasse, entdeckte, und es machte mir Spass, mir die Geschichten vorzustellen, die sich hinter einem *Campiello degli Incurabili* oder einem *Rio Terà degli Assassini*, hinter dem Plätzchen der Unheilbaren oder der Strasse der Mörder, verbargen.

Als ich ein paar Tage später den gleichen Weg noch einmal ging, diesmal in umgekehrter Richtung, machte ich an der Buchhandlung *La Toletta* halt, die mir im Vorbeigehen aufgefallen war. Wie sich bald herausstellte, war sie gut bestückt und hielt vor allem für die Studenten der nahen Universität ein umfangreiches Sortiment an philosophischen, soziologischen und gesellschaftspolitischen Titeln bereit. Auch Kunstbücher waren in dem erstaunlich weitläufigen Lokal gut vertreten, allen voran natürlich Werke, die mit Venedig, seiner Geschichte, seiner Kunst und seinen Bewohnern zu tun hatten. Unter all den Prachtbänden über Gärten und Villen, über Kirchen und Paläste, über Gondelwerften, Fischereibetriebe und Gemüseanbau in der Lagune stiess ich schliesslich auf ein kleines quadratisches Bändchen mit dem schlichten Titel «*Chiese di Venezia*». Es kostete 9 Euro, und ich kaufte es als Willkommensgeschenk für Kurt, dessen Ankunft in wenigen Tagen bevorstand. Schön nach den *Sestieri*, den sechs Bezirken der Stadt, geordnet, führt das Büchlein sämtliche einigermassen sehenswerten Kirchen der Stadt sowie der beiden Inseln Murano und Torcello auf: 54 Kurzbeschreibungen, eineinhalb, höchstens zweieinhalb Seiten lang, zwei bis drei Abbildungen, mehr nicht. Es sollte uns in den kommenden Wochen und Monaten als Wegweiser dienen.

So entdeckten wir Kirchen, die wir, allein oder mit Freunden, immer wieder aufsuchten: *Madonna dell'Orto*

Giovanni Bellinis
«Madonna in trono
che adora il Bambino
dormiente» in den
Gallerie dell'Accademia

gehörte dazu, *San Polo, San Sebastiano* und auch *San Giovanni in Bragora. Madonna dell'Orto*, die Tauf- und Grabeskirche Tintorettos, war nicht ganz leicht zu finden. Sie liegt im äussersten Norden der Stadt in einer eher verlassenen Gegend, die ausser der Kirche nichts Besonderes zu bieten hat. Umso grösser war das Staunen, als sie plötzlich vor uns stand: hoch aufragend, ein strenger gotischer Bau, die Fassade ziegelrot und weiss leuchtend die über den Seitenschiffen errichtete Apostel-Galerie. Im Innern beherbergt das Gotteshaus Kunstwerke von Rang: darunter Tintorettos überwältigende Darstellung des «Jüngsten Gerichts», die «Anbetung des Goldenen Kalbes» und einen «Tempelgang Mariens», ähnlich dem von Tizian in der *Accademia* und doch anders, verschwindend klein das Mädchen Maria und zentral eine bewegte Frauengestalt, die ihr Töchterchen – und mit ihm auch uns, die Betrachter – auf die Gestalt oben auf der Treppe verweist, als wollte sie sagen: Schau, da geht sie, und Grosses hat Gott mit ihr vor.

Die Kirche *San Polo* hingegen brauchten wir nicht zu suchen. An ihr kamen wir fast täglich vorbei, wenn wir zu Fuss Richtung *Rialto* gingen, um auf dem dortigen Markt einzukaufen, die Auslagen in den eleganten Geschäften auf der *Salizada San Lio* zu bewundern oder wieder einmal die Aussicht vom Dach des imposanten *Fondaco dei Tedeschi* zu geniessen. Es ist vor allem Giandomenico Tiepolos figurenreiche *Via Crucis* in der Sakristei, die einen Besuch von *San Polo* lohnenswert macht. Giambattistas Sohn hat die Passion Christi so konkret, ja, fast alltäglich dargestellt, dass man beim Betrachten meint, die Hunde kläffen, die Kleiderseide knistern und die Buben hoch oben auf der Mauer johlen zu hören, und dabei doch das Wesentliche nie aus den Augen verliert: diesen Jesus im roten Gewand und sein allgegenwärtiges Kreuz, das uns sagt, worum es hier wirklich geht.

Nach *San Sebastiano* wiederum gingen wir Veroneses wegen. Die Deckengemälde im Längsschiff und in der Sakristei werden zusammen mit dem Hochaltarbild zu seinen Hauptwerken gezählt. Mich aber zog eine Kreuzigungsgruppe in ihren Bann, die sich an der rechten Längsseite des Kirchenschiffes befindet. So todtraurig, so verloren unter leerem Himmel hatte meines Wissens kaum ein anderer Künstler die Menschen um Jesus in seiner Todesstunde dargestellt: ineinander verknäuelt die Trauernden, die versuchen, sich gegenseitig Halt zu geben, eine stehende Figur, die entsetzt gen Himmel blickt, und ganz weit oben Christus, der in seiner Gottverlassenheit keinen Trost mehr zu spenden vermag.

Und dann war da noch *San Giovanni in Bragora*, die Taufkirche Vivaldis, die ein wenig verborgen hinter der *Riva degli Schiavoni* an einem der verträumtesten Plätze Venedigs, dem *Campo Bandiera e Moro*, liegt. Sie ist sehr alt und unscheinbar, und man besucht sie eigentlich nur des Bildes über dem Hochalter wegen: Cima da Coneglianos «Taufe Jesu im Jordan». Ich war diesem Künstler, den ich bisher nicht gekannt hatte, schon in der *Accademia* sowie in den Kirchen *Madonna dell'Orto*, *Santa Maria dei Carmini* und *Santi Giovanni e Paolo*, genannt *Zanipolo*, begegnet, und er faszinierte mich jedes Mal aufs Neue durch die Strenge seiner Darstellung, die kristalline Klarheit seiner Farben und die Lieblichkeit seiner Landschaften, die die biblischen Figuren im Hier und Jetzt seiner Heimatstadt Conegliano verorten. Sei-

Madonnenstatue
über dem Rio della
Misericordia

nen Werken fehlt die Innigkeit Bellinis, und sie verfügen auch nicht über die Dramatik eines Tintoretto, der uns in seinen Abendmahlsdarstellungen oder Kreuzigungsszenen förmlich ins Geschehen hineinzieht und uns so zu Mit-Leidenden, aber auch zu Mit-Schuldigen macht. Cimas Bildern ist etwas seltsam Unnahbares und Unwirkliches eigen. Sie strahlen eine Gefasstheit aus, wie sie auf dieser Welt nicht zu haben ist. Warum sie mich so faszinierten, konnte ich mir nicht erklären. War es wirklich nur der ästhetische Reiz, der mich ansprach? Oder war es doch mehr, was da in mir anklang?

Ich war, ausser in meiner Jugend, nie sonderlich religiös gewesen. Ja, ich hatte eine Zeit lang sogar zu denen gehört, die Religion für etwas Überholtes und fromme Menschen für leicht zurückgeblieben hielten. Das änderte sich erst, als ich mit der Krankheit und dem Sterben meines Mannes Walter Matthias Diggelmann konfrontiert wurde und sich mir die Frage nach dem Sinn des Lebens und des Leidens in aller Schärfe stellte. Ich vertiefte mich noch einmal neu in Bücher wie Joseph Roths «Hiob», Camus' «L'Homme révolté» oder Dostojewskis «Brüder Karamasow» und diskutierte darüber auch mit ihm, dem Kranken, den die gleichen Fragen umtrieben wie mich, ohne dass er darauf eine Antwort gehabt hätte. Nur ganz zum Schluss – es muss wenige Tage vor seinem Tod gewesen sein, und er war schon kaum mehr bei Bewusstsein –, da machte er die Augen noch einmal auf, schaute mich und seine beiden Kinder, die an seinem Bett sassen, an und sagte: «Wenn ich jetzt dann sterbe, kommt ihr auch mit?» Er war zu Lebzeiten nie gern allein gewesen, und die Vorstellung, das letzte Stück des Weges alleine gehen zu müssen, machte ihm offenbar Angst. Als er das klare Ja seines Sohnes hörte, schloss er erleichtert die Augen.

Ich hätte ihm diesen letzten Trost nicht spenden können. Mein Ja wäre nicht aufrichtig gewesen. Aber allein schon die Frage berührte mich. Ich ahnte in dem Moment, dass der Sterbende mir ein Wissen voraushatte, und mir war, als habe sich das Tor zu einer anderen Wirklichkeit einen Spalt breit wenigstens geöffnet. Als ich wenig später in Kurt, meinem Gefährten der letzten 40 Jahre, einen Menschen kennenlernte, für den auch Zweifel und offene Fragen zum Glauben gehörten, tat sich dieses Tor Stück für Stück weiter auf. Angeregt durch seine Biografie als Theologe und Ordensmann, begann ich mich intensiv mit Kirche und Religion zu befassen. Ich besuchte den Theologiekurs für Katholische Laien, ich las mich durch die einschlägige Literatur von Sölle bis Metz, von Ratzinger bis Küng, und ich liess mich von Menschen wie Dietrich Bonhoeffer oder James Graf Moltke von der lebensverändernden Kraft des Glaubens überzeugen. Das Studium und die Lektüre blieben, auch wenn es sich dabei zumeist um eine eher intellektuelle Auseinandersetzung handelte, nicht ohne Wirkung auf mein eigenes Denken. Es war zwar noch nicht Glaube, aber es war doch eine Ahnung davon. Ich war keine Atheistin mehr, wie ich lange Zeit angenommen hatte. Ich war eine Suchende geworden, die nicht länger ausschliessen konnte, dass es mehr gab als nur das, was unser Verstand zu fassen vermag. Und tatsächlich rührte mich dieses «Mehr» hier in Venedig jetzt manchmal an, wenn ich vor all diesen Madonnen und Kreuzigungen, diesen Anbetungen, Abendmahlen, Marienkrönungen und Tempelgängen stand und Zwiesprache mit ihnen hielt. Es war zwar nur wie ein Echo ferner Gewissheiten, aber es war vernehmbar, und mir schien, als übertrüge sich etwas vom Glauben der Maler auf mich und ich verliesse die Stadt staunender und fragender, als ich gekommen war.

5

Finden, was man nicht suchte

Kanal irgendwo
in Venedig

Finden, was man nicht suchte

Es gibt unterschiedliche Arten, sich Venedig zu nähern: Man kann planen, Kunstführer zu Rate ziehen, den Stadtplan studieren und dann zielstrebig den Ort aufsuchen, den man besichtigen möchte. Mit etwas Glück findet man ihn sogar. Man kann aber auch ganz anders vorgehen. Man kann einfach einmal losziehen und sich treiben lassen: durch Gassen und Gässchen, über Brücken und nochmals Brücken, den Kanälen entlang, bis man keine Ahnung mehr hat, wo man sich eigentlich befindet. Ganz verloren gehen kann man nie, denn immer sind da Schilder an den Hauswänden, die den Weg zum Bahnhof, nach *Rialto* und *San Marco* weisen oder anzeigen, wo es zur nächstgelegenen Vaporetto-Station geht.

«Man sieht nur, was man weiss» – mit diesem Satz wirbt der Dumont-Verlag für seinen Kunstführer über Venedig. Doch der Satz mag für andere Städte zutreffen, für Venedig stimmt er nicht. Venedig ist ein unübersichtliches Gebilde. Der Verlauf seiner Gassen folgt keiner erkennbaren Logik, und man kommt nicht weit, wenn man zielstrebig von A nach B gelangen will. Denn es geht hier nie geradeaus, und wenn man denkt, man habe den Plan im Kopf, tut sich an der nächsten Ecke ein völlig unerwartetes Bild auf, und es kann geschehen, dass man findet, wonach man nicht gesucht hat.

Wir erfuhren dies immer wieder, wenn wir nach dem Besuch einer bestimmten Kirche oder eines Museums aufs Geratewohl loszogen und schon nach der nächsten Ecke nicht mehr so recht wussten, wo wir uns befanden. Es war ein ganz eigenes Gefühl der Orientierungslosigkeit, das im Gegensatz zum Sich-Verirren beim Wandern nicht Angst auslöste, sondern Neugierde. Nie wussten wir, was uns erwartete, wenn wir auf gut Glück in diese oder jene kleine Gasse einbogen, und nie war klar, wo wir landen würden, wenn wir uns durch diesen oder jenen Torbogen wagten, der scheinbar ins Nirgendwo führte. Manchmal stiessen wir dabei auf verschlafene Plätze, die wir nicht einmal dem Namen nach kannten. Manchmal gelangten wir aber auch schon nach wenigen Metern in Gegenden, die uns von früheren Spaziergängen her vertraut waren. Und nicht selten mussten wir rechtsumkehrt machen, weil das Gässchen, dem wir gefolgt waren, an einem Kanal endete, der kein Weitergehen erlaubte. Hier mögen in finsteren Zeiten Fehden ausgetragen worden sein, dachte ich mir und stellte mir vor, wie leicht es gewesen sein musste, den Gegner nachts durch einen Stoss in den Rücken für immer von der Bildfläche verschwinden zu lassen.

Auf solch absichtslosen Streifzügen durch die Stadt entdeckten wir Örtlichkeiten, von denen wir nicht wussten, dass sie überhaupt existierten: das kleine Bücher-Bistro *Sullaluna* an der *Fondamenta della Misericordia* zum Beispiel, wo wir vor der Kälte eines neblig-feuchten Wintertages Zuflucht gesucht und uns bei Kaffee und veganen Kuchen lange mit der Buchhändlerin unterhalten hatten. Oder auch die beiden Haushaltwarengeschäfte in der *Salizada di San Francesco*, die ein und demselben

Ehepaar gehören und von Kosmetika und Reinigungs-
mitteln über Küchenzubehör, Badeutensilien, Mercerie-
Artikeln bis hin zu Werkzeugen, Farben und Eisen-
waren alles, aber auch wirklich alles führen, was zur
Bewältigung des täglichen Lebens gebraucht wird. Beim
Eintritt in das Geschäft der Frau war mir, als sei ich in
Alibabas Wunderhöhle geraten. So eng war alles, so
vollgestopft, so labyrinthisch, dass ich befürchtete, nie
wieder aus dem Laden herauszufinden. Die Besitzerin
aber schien haargenau zu wissen, wo sich die Gesichts-
crèmes und die Abwaschmittel, die Vorhangringe und
die Pfannendeckel, die künstlichen Blumen, die Reiss-
verschlüsse, Grillhandschuhe, Klobürsten und Wäsche-
klammern befanden. Und was sie nicht führte, das fand
sich mit Sicherheit im Geschäft ihres Mannes, das sich
ein paar Meter weiter auf der gegenüberliegenden Stras-
senseite befindet und mehr für Heimwerkerzubehör als
für Haushaltartikel zuständig ist.

Geschäfte und Lokale dieser Art gibt es nicht mehr
viele in Venedig. Die meisten von ihnen mussten chine-
sischen Billigläden weichen oder sind dem Konkurrenz-
druck der grossen Supermärkte auf dem Festland zum
Opfer gefallen. Doch wenn man die Augen offen hält,
kann man sie zwischen Billigklamotten aus Vietnam und
Murano-Glas made in China noch immer entdecken:
Relikte aus längst vergangenen Zeiten wie jenes Sanitär-
geschäft unweit des Bistros *Sullaluna* mit seinen längst
ausser Mode gekommenen Armaturen, Schaltern, Ste-
ckern und Glühbirnen, den winzigen Comestibles-La-
den in der *Calle San Pantalon* mit seinen Rohschinken
und Käselaiben, dem Panettone zu Weihnachten, dem
besten, den ich je ass, und den ersten Erdbeeren des

Jahres, als es allmählich Frühling wurde, oder auch das Lingeriegeschäft in der *Calle lunga di San Barnaba*, dessen Besitzerin, eine Österreicherin, alte Leinenwäsche, spitzenbesetzte Nachthemden und feinste handgestrickte Kinderkleidchen im Angebot hat, alles aufs Schönste arrangiert und, gemessen an der Qualität, nicht einmal besonders teuer.

Auf einem unserer Gänge durch die Stadt führte uns der Zufall auch in das Quartier *Santa Marta*, am *Canale della Giudecca* im äussersten Südwesten Venedigs gelegen, dort, wo heute die Schiffe nach Griechenland und Kroatien ablegen und früher armes Volk hauste, das vom Fischfang lebte oder in den nahegelegenen Industriebetrieben sein karges Auskommen fand. In eine der längst aufgelassenen Fabrikationshallen ist mittlerweile das Architekturinstitut der Universität von Venedig eingezogen und hat der einst ärmlichen Gegend einen jugendlichen Anstrich verpasst.

Inmitten von niedrigen und etwas heruntergekommenen Häusern steht da die Kirche *San Nicolò dei Mendicoli*, ein Bau, der aufs 12. Jahrhundert zurückgeht, im Verlauf der Jahrhunderte zahlreiche Umbauten erfuhr und während der Hochwasserkatastrophe vom 4. November 1966 schwer beschädigt wurde. *San Nicolò dei Mendicoli* ist eine arme Kirche, eine Kirche der Bettler. Sie kann weder mit einem Tintoretto noch mit einem Veronese aufwarten und wird von Touristen nur selten besucht. Dass auch sie ein Kleinod birgt, hätten wir wohl übersehen, wenn uns nicht an der Kirchentüre ein schon stark welliges und von der Sonne ausgebleichtes Blatt aufgefallen wäre, auf dem stand: «*Compassione, Affresco di Anonimo (prob. XIV secolo)*». Die Abbildung zeigte den

Gekreuzigten mit der Mutter Maria zu seiner Rechten und drei Aposteln zu seiner Linken, die Farben nachgedunkelt, die Darstellung von einem notdürftig gekitteten Riss durchzogen.

Doch wo befand es sich, dieses Fresko? In der Kirche war es nirgends zu sehen, und die Türen, die allenfalls hinter oder über den Altar geführt hätten, waren verschlossen. Erst bei einem zweiten Besuch hatten wir das Glück, dass eine Frauengruppe vom Festland zur Besichtigung angereist war und die jetzt anwesende Sakristanin sich bereit erklärte, auch uns das Fresko zu zeigen. Durch eine niedrige Tür links vom Altar führte sie uns über eine steile Treppe erst durch eine wohl zur Messmerwohnung gehörende Küche und dann hoch unter das Kirchendach, wo sich an der Wand die Kreuzigungsdarstellung befindet. Man habe das Fresko erst 1966 entdeckt, als die Kirche nach der Hochwasserkatastrophe von Grund auf hatte renoviert werden müssen, erklärte uns die Frau und meinte, es sei wohl in Vergessenheit geraten, nachdem über dem Hochaltar eine Decke eingezogen worden war.

Doch nun standen wir davor, überrascht von seiner Qualität und berührt von der Trauer, ja, fast möchte man sagen, Hoffnungslosigkeit, die über der Figurengruppe liegt. Wie wir ihn da so hängen sahen, den Gekreuzigten, ausgemergelt und aus der Seitenwunde blutend und neben ihm, in Verzweiflung erstarrt, die Mutter Maria und drei seiner Jünger, da ahnten wir etwas von dem Skandalon, dem Ärgernis, das dieser Kreuzestod Jesu für die frühen Christen dargestellt haben musste. Wir sollten uns dessen auch wieder mehr bewusst sein, sagten wir uns, und angesichts all der Kreuzigungen, die wir in

Gemüseladen
in Cannaregio

TARDIVO
KILO
€6,80 il

CASTRAURE
SARDEGNA
5 x €6,00 il

KAK
VASCHE
€1,

Venedig zu sehen bekamen, daran denken, dass es sich dabei um Zeugnisse des Leidens und der Gottverlassenheit handelt und nicht einfach nur um Kunstwerke, die es ihrer Genialität wegen zu bewundern gilt.

Nachdem wir uns bei der Sakristanin bedankt und die Kirche verlassen hatten, sassen wir noch eine ganze Weile auf dem kleinen Vorplatz und dachten über das verborgene Fresko nach. Dabei fiel mir ein Bibelwort ein, das Kurt mir einmal zitiert hatte. Es war darin vom Suchen und Finden die Rede, aber wie genau es lautete und wo es stand, war mir entfallen. Auf meine Frage hin wusste Kurt jedoch sofort Bescheid. Es stehe im Buch Jesaja, erklärte er mir, im 65. Kapitel. Dort lasse der Prophet Gott zu seinem Volk sagen: «Ich liess mich suchen von denen, die nicht nach mir fragten, ich liess mich finden von denen, die mich nicht suchten.» Genau, das war es. Ich erinnerte mich jetzt wieder, dass Kurt mich ganz am Anfang unserer Beziehung einmal auf diesen Satz hingewiesen hatte. Es sei darin viel von seiner eigenen Gotteserfahrung enthalten, erklärte er mir damals, denn er sei überzeugt, dass Glaube sich nicht verordnen und Gotteserfahrung sich nicht herbeizwingen lasse. Gotteserfahrung sei ein Geschenk und Glauben eine Gnade, die man sich nicht verdienen könne. Man finde sie oft dort, sagte er, wo man sie nicht gesucht habe, sie würden einem zuteil, wenn man es nicht erwartet habe. Und genau so könnten sie einem auch wieder abhandenkommen, ohne dass man sich erklären könne, warum.

Kurt hat nie zu den Theologen gehört, die sich ihres Glaubens sicher sind und behaupten, sie wüssten, was Gott mit ihnen vorhat. Trotz oder vielleicht gerade wegen seiner theologisch-philosophischen Ausbildung ist Gott ihm das grosse Geheimnis geblieben, das nicht zu ergründen ist. Diese Haltung hat uns einander nähergebracht: ihn, den gläubigen Zweifler, und mich, die Suchende, die sich nach Glauben sehnt und nicht weiss, wie sie ihn finden kann.

Dass ich mich ausgerechnet jetzt wieder an dieses weit zurückliegende Gespräch erinnerte, war sicher kein Zufall. Denn das Motiv des Suchens und Findens begegnete uns hier auf Schritt und Tritt. Venedig liebt es zwar, nach aussen hin mit prachtvollen Fassaden zu prunken. Es gibt hier Kirchen wie *San Moisè* oder *Santa Maria del Giglio*, die fast nur aus Fassade bestehen, und innen sind sie leer und kalt.

Kleinode aber wie dieses namenlose Fresko, vor dem wir eben noch gestanden hatten, hält die Stadt gerne im Verborgenen. Man kann sie nicht suchen, man muss sie finden und stösst meist nur durch Zufall auf sie: auf verwunschene Gärten, deren Schönheit sich hinter hohen Mauern verbirgt, auf Kunstwerke wie jene «Marienkrönung von Vivarini», die man in der schlecht beleuchteten Seitenkapelle von *San Pantalon* nie vermutet hätte. Es waren Glücksmomente, die mir solch zufälliges Finden in Venedig bescherte. Und dies nicht nur der entdeckten Kunstwerke wegen, sondern weil es mir vor Augen führte, wie schön es sein kann, die Dinge einfach geschehen und auf sich zukommen zu lassen. Nicht planen, sich nichts vornehmen und auch nicht meinen, alles steuern und im Griff haben zu müssen – die scheinbar willkürliche Topografie Venedigs kam dieser für mich ungewohnten Lebenseinstellung entgegen. Ich konnte mich treiben, konnte mich überraschen lassen und dabei

Verborgener Garten hinter
der Fondamenta Zattere

erleben, dass auch Umwege ans Ziel führen und schein-
bares Verirren einen weiterbringen kann. Ich hatte zwar
nie zu denen gehört, die glaubten, über alles und jedes
im Leben verfügen zu können. Gleichwohl musste ich
mich an diese neue Unbeschwertheit erst gewöhnen.
Ein Leben lang hatte ich geplant und organisiert, hatte
mir Ziele gesetzt und sie verfolgt, hatte Aufgaben übernommen und sie erledigt: möglichst zügig, möglichst
effizient, möglichst perfekt. Davon wollte ich mich nun
allmählich lösen. Leicht fiel es mir nicht, aber ich wollte es üben als Vorbereitung auf den Tag, da auch mir das
Heft einmal endgültig aus der Hand genommen würde.

6

Wir sind nur Gast auf Erden

Fährmann auf dem
Rio della Misericordia

Wir sind nur Gast auf Erden

Eines Tages – wir waren schon eine ganze Weile in Venedig – lag in unserem Briefkasten ein Schreiben, das an die *«Care/i concittadine/i»*, die lieben Mitbürgerinnen und Mitbürger, gerichtet und von einem Initiativkomitee unterschrieben war, das sich *gruppo25aprile* nannte. Der 25. April ist der Tag, an dem die Italiener der Befreiung vom Faschismus im Frühling 1945 gedenken. Die Initianten werden wissen, warum sie ihrer Organisation gerade diesen Namen gegeben haben. Der Brief begann mit den Worten: *«Questo non è l'ennesimo invito a vendere casa vostra o affidarla a qualque premurosa agenzia che si occuperà di affitarla ai turisti.»* (Dies ist nicht die x-te Aufforderung, Ihr Haus zu verkaufen oder es einer dieser übereifrigen Agenturen anzuvertrauen, die es dann an Touristen weitervermietet.) Und er endete mit der Warnung vor den gierigen Händen, die sich der Stadt bemächtigen, indem sie Wohnungen aufkaufen, sie als Airbnb betreiben und damit die Einwohner Venedigs aus ihrem angestammten Zuhause vertreiben.

Die Mitglieder der Gruppe, die uns das Schreiben in den Briefkasten geworfen hatte, konnten nicht wissen, dass unsere Wohnung einer schweizerischen Stiftung gehörte und wir in Venedig nur zu Gast waren. Deshalb hätten wir den Brief wegwerfen oder ihn, wie in einem Postscriptum empfohlen, als Einkaufszettel benutzen können. Aber wir bewahrten ihn auf. Denn das Problem, das er ansprach, gab auch uns zu denken. Obwohl wir noch nicht sehr lange in der Stadt lebten, waren uns bereits einige der Phänomene aufgefallen, die in dem Brief angesprochen wurden: dass überall Wohnungen leer standen, für immer oder weil sie erst wieder während der Hochsaison von Touristen bewohnt wurden, dass es in der Stadt von Immobilienbüros wimmelte, die Wohnungen zum Verkauf anboten, dass die Preise in den Lokalen der Innenstadt eine Höhe erreicht hatten, die sich ein Normalbürger nicht mehr leisten konnte, und auch dass immer mehr Bars, Restaurants und Geschäfte von Chinesen betrieben wurden, gegen deren Konkurrenz die ursprünglichen Besitzer keine Chance mehr hatten.

Und wenn wir es nicht mit eigenen Augen sahen, so lasen wir es in den lokalen Zeitungen, im «Gazzettino» oder in «La Nuova Venezia», die in ihren Artikeln immer wieder vor der Touristeninvasion warnten oder den Ausverkauf der Stadt beklagten. Dass die Venezianer selbst an der Misere schuld waren, indem sie aufs Festland zogen und ihre Wohnungen und Geschäfte für teures Geld den Touristen und den Chinesen überliessen, wurde dabei ebenso wenig verschwiegen wie die Tatsache, dass dadurch die Mieten in der Stadt für ihre ursprünglichen Bewohner unerschwinglich geworden waren.

Die Einwohnerzahl Venedigs ist seit dem Ende des Zweiten Weltkriegs von 175 000 auf 55 000 gesunken. Und der Abwärtstrend hält weiter an. Allein seit dem Jahr 2000 hat die Stadt mehr als 10 000 ihrer Bewohner verloren. Gleichzeitig stehen denen, die geblieben sind, zu

Spitzenzeiten täglich bis zu 130 000 Touristen gegenüber, die man neuerdings mittels Drehkreuzen und Zulassungsbeschränkungen einigermassen unter Kontrolle zu halten versucht. Dass sie die Durchgänge verstopfen, ihren Abfall liegen lassen und, abgeschreckt von den horrenden Preisen rund um *San Marco*, weit weniger Geld ausgeben als erwartet, lässt sich mit solchen Massnahmen allerdings auch nicht verhindern. Überall an den Vaporetto-Stationen hängen mittlerweile grosse Plakate, die zu Respekt und Anstand gegenüber der Stadt aufrufen. Piktogramme zeigen, dass dazu auch so selbstverständliche Dinge gehören wie nicht in die Kanäle zu pinkeln oder halbnackt eine Kirche zu betreten. Ob sie etwas nützen, ist fraglich. Die Einheimischen, die aufs Festland ziehen, die Ausländer, die ihre vor Jahren erworbenen Wohnungen wieder verkaufen, scheinen den Glauben daran verloren zu haben. Und wie schon so oft in der Geschichte Venedigs wird von vielen auch heute wieder der Untergang der Stadt beschworen. Diesmal allerdings nicht so sehr der reale als vielmehr der moralische. Venedig ist dabei, seine Seele zu verlieren.

Dagegen wehrt sich eine Initiative wie dieser *gruppo 25 aprile*, der dazu aufruft, die «gierigen Hände» aus der Stadt zu vertreiben und dafür zu sorgen, dass Venedig den Venezianern erhalten bleibt. Dagegen kämpft auch jene Organisation, die nahe *Rialto* ein grosses Transparent aufgehängt hat, auf dem steht: «*No Mafia. Venezia è sacra*». Und dagegen begehren all jene Bewohnerinnen und Bewohner auf, die ein Schild mit der Aufschrift «*No grandi navi*» (keine grossen Schiffe) in die Fenster ihrer Wohnungen gestellt haben und damit ein Verbot jener Kreuzfahrtschiffe zu erwirken versuchen, die mit ihren

Transparent am
Canal Grande

Emissionen, ihrem Wellengang und ihren jährlich fast zwei Millionen Passagieren sowohl das ökologische wie auch das kulturelle Gleichgewicht der Stadt zum Kippen bringen. Bereits droht die UNESCO, Venedig das Gütesiegel «Weltkulturerbe» zu entziehen, wenn nichts gegen diese Missstände unternommen wird: eine Warnung, die durchaus ernst zu nehmen ist. Ob höheren Orts auch der nötige Wille zur Veränderung vorhanden ist, lässt sich von aussen nicht beurteilen. Die Venezianer, so hatten wir während unseres Aufenthalts in der Stadt manchmal das Gefühl, haben sich an die Bedrohungsszenarien gewöhnt und schenken ihnen nicht mehr die nötige Beachtung. Ihre Stadt, das wissen sie, war von jeher auf unsicheren Grund gebaut und schon vom Untergang bedroht, lange bevor Finanzhaie und Umweltsünder ihr Überleben gefährdeten.

In Venedig ist alles flüchtig und ohne Bestand. An keinem Ort der Welt fühlt man sich so sehr auf die Vergänglichkeit alles Irdischen verwiesen, wie wenn man in den schmalen Gassen den Putz bröckeln sieht und den Modergeruch wahrnimmt, der aus den überfluteten Erdgeschossen der Paläste dringt. Wie faule Zähne hängen die verrotteten Balken der Wassertüren über den Kanälen, in den Fassaden der Paläste klaffen Risse bis unters Dach, und kaum ein Haus ist zu sehen, dessen Mauerwerk nicht von eisernen Klammern zusammengehalten wird. Venedig senkt sich, weil die Pfähle, auf die es gebaut ist, morsch zu werden beginnen. Venedig wird instabil, weil der Wellengang der schnellen Motorboote den Fundamenten zusetzt. Venedig fault, weil immer wieder Wasser in die Häuser dringt und die Nässe sich in den Wänden festsetzt. Zwar hatten wir während unseres ganzen Aufenthalts nur einmal ein *Acqua alta* erlebt. Aber der Moment, da wir nach einem gemütlichen Beisammensein in der *Osteria Oniga* auf den *Campo San Barnaba* hinaustraten und uns von allen Seiten von Hochwasser eingeschlossen sahen, hatte genügt, um zu realisieren, wie real die Gefahr war, die die Lagunenstadt bedrohte.

Als ich zu Beginn der sechziger Jahre zum ersten Mal nach Venedig kam, nahm ich von alledem nichts wahr, obwohl die Schäden mit Sicherheit damals schon erkennbar gewesen waren. Heute jedoch, da ich selber alt bin, begegneten mir die Zeichen des Zerfalls auf Schritt und Tritt. Ich sah die blinden Fenster, hinter denen niemand mehr wohnt. Ich sah die verwitterten Backsteine, die unter abgeplatztem Putz zum Vorschein kommen. Ich sah die schiefen Fassaden sich senkender Häuser, die nur noch mit Eisenklammern vor dem Einsturz bewahrt werden können. Ich sah Schönheit, so zerbrechlich, dass es mir im Herzen wehtat. Wie nie zuvor verstand ich, warum Thomas Mann die Geschichte seines todessüchtigen Aschenbach in Venedig angesiedelt und Marcel Proust sich, von der Magie der Namen verzaubert, ausgerechnet hier auf die Suche nach der verlorenen Zeit gemacht hatte. Und auch ein Werk wie John Ruskin «The Stones of Venice» war letztlich wohl aus der Sorge heraus entstanden, es könnte dieses Venedig eines Tages von der Bildfläche verschwunden sein: versunken in jener Lagune, der es abgerungen worden war. Eine Ausstellung von Ruskins Zeichnungen und Aquarellen, die während unseres Aufenthalts im *Palazzo Ducale* gezeigt wurde, liess auf eindrückliche Weise erkennen, wie ein Künstler festzuhalten versucht, was längst schon dem Untergang geweiht ist. Ruskins hybrides Unterfangen berührte mich jetzt, da ich mit meiner eigenen Endlichkeit konfrontiert war, ganz besonders. Wie viele andere Künstler auch meinte er, dem Verfall mittels Stift und Pinsel Einhalt gebieten zu können, und musste doch gewusst haben, wie vergeblich sein Unterfangen war.

Die Erfahrung hatte auch ich gemacht, als ich beim Schreiben meiner «Spurensuche» versuchte, eine Zeit wieder lebendig zu machen, die es längst nicht mehr gab. Ich hatte Erinnerungen hervorgeholt, hatte beschrieben und beschworen, was gewesen war, festhalten oder gar zurückholen konnte ich es nicht. Umso schmerzlicher wurde mir dabei bewusst, wie viel Zeit bereits hinter mir lag und wie wenig Zukunft ich im Grunde noch hatte. Und auch dieses Wenige konnte morgen schon zu Ende sein. Ich war nie besonders zukunftsorientiert gewesen. Gegenwart und auch Vergangenheit bedeuteten mir stets mehr als eine Zukunft, von der ich nicht wusste, wie sie aussah. In letzter Zeit aber ertappte ich mich immer häufiger dabei, dass ich überhaupt nicht mehr planen mochte. Nur schon eine Terminanfrage für das nächste Jahr bereitete mir Unbehagen. Was wusste ich denn, wo ich mich in ein paar Monaten befand und ob ich dann überhaupt noch imstande sein würde, einen Artikel zu schreiben oder einen Vortrag zu halten. Statistisch gesehen, hatte ich zwar noch ein paar Jahre zu leben, aber eine Krebserkrankung, ein Schlaganfall oder ein neurodegeneratives Leiden könnte meinem Leben auch jederzeit ein Ende setzen.

Dieses Gefühl, auf Abruf zu leben, begleitete mich in Venedig auf Schritt und Tritt. An manchen Tagen verlieh es mir eine heitere Gelassenheit, an anderen wiederum lehnte ich mich dagegen auf. Und es überkam mich eine Lust, ja fast schon eine Gier nach Leben, wie ich sie eigentlich nur aus der Zeit kannte, da Walter Matthias Diggelmann, mein Mann, im Sterben lag und ich intensiv wie nie zuvor realisierte, dass für mich zumindest das Leben weiterging. Wie damals gab es auch jetzt Momente, da ich wild entschlossen war, diesem Leben noch einmal abzutrotzen, was immer es hergab. Ich wollte es geniessen und auskosten, so lange es irgendwie ging – und am liebsten auch noch darüber hinaus. Nur, wenn mich bei meinen Spaziergängen durch Venedig die flüchtige Schönheit der Stadt anrührte und ich zwischen Mauerwerk und Spiegelung nicht mehr zu unterscheiden vermochte, dann wurde mir bewusst, wie eitel solches Aufbegehren war. «Wir sind nur Gast auf Erden», sagt ein in den dunklen dreissiger Jahren des letzten Jahrhunderts entstandenes Kirchenlied. Als ich Gast war in Venedig, bekam der Text für mich eine sehr persönliche Bedeutung.

7

Den Rändern entlang

Chiesa San Pietro
di Castello

Den Rändern entlang

Es war einer dieser ganz hellen Wintertage, an denen man von den *Fondamente Nove* aus die verschneiten Dolomiten sieht und die Friedhofsinsel *San Michele* wie eine leuchtende Festung aus dem Wasser ragt: ein Tag wie gemacht, dachten wir, um mit dem Vaporetto zur Kirche *San Pietro di Castello* hinauszufahren. Auf dem Plan hatten wir gesehen, dass uns die Linie 4.1 oder 5.1 vom Bahnhof aus dem nördlichen Rand der Stadt entlang zur Insel *Olivolo* bringen würde, auf der sich die Kirche befindet. Später, als wir uns in der Stadt besser auskannten, entdeckten wir, dass es auch einen ganz anderen Zugang gegeben hätte: mit der Linie 1 von *San Tomà* aus den *Canal Grande* hinunter nach *San Marco* und weiter bis zur Haltestelle *Giardini*. Von dort hätten wir die Insel *Olivolo* über die *Via Garibaldi* und die *Fondamenta Sant'Anna* zu Fuss in einer knappen Viertelstunde erreichen können und hätten dabei erst noch ein für uns neues Venedig kennengelernt, ein ärmliches, dafür aber quicklebendiges, ein Venedig, in dem noch Venezianer lebten: Hausfrauen, die sich in den kleinen Läden mit Waren des täglichen Bedarfs eindeckten, junge Mütter, die sich draussen vor den Bars zu einem Schwatz trafen, Gondolieri, die ihre rotweiss gestreiften Leibchen über der Gasse zum Trocknen aufhängten, Handwerker, Gewerbetreibende, Kreative und auch die in Italien noch immer aktiven Kommunisten, vor deren Versammlungslokal ein süssliches Herz-Jesu-Bild in schönster Eintracht mit Hammer und Sichel prangt.

Einen Besuch der Kirche *San Pietro di Castello* hatten wir schon lange vor. Denn das zu Beginn des 17. Jahrhunderts auf den Fundamenten eines frühchristlichen Vorgängerbaus errichtete Gotteshaus ist nicht irgendeine Kirche. *San Pietro di Castello* war jahrhundertelang das geistliche Zentrum der Stadt gewesen. Hier und nicht in *San Marco* hatten die Patriarchen von Venedig ihren Sitz gehabt, bis Napoleon der Republik Venedig ein Ende setzte und das Patriarchat 1807 in die *Basilica di San Marco* verlegt wurde.

Heute ist das Inselchen am östlichsten Rand der Stadt ein verlassener Ort, vor allem im Winter. Als wir, von der Schiffsanlegestelle her kommend, den weiten Platz vor der Kirche betraten, war er menschenleer. Die Birken reckten ihre kahlen Äste in den blauen Winterhimmel und liessen ahnen, wie schön es hier sein muss, wenn die Bäume ausschlagen und Spaziergänger sich auf den roten Bänken die erste Frühlingssonne ins Gesicht scheinen lassen. In der Kirche selbst war es an diesem Januarmorgen eisig kalt. Die Billettverkäuferin, die frierend in ihrem Kabäuschen sass, schaute überrascht auf, als wir mit unseren «Chorus-Pässen» Einlass begehrten. Touristen verirren sich offenbar eher selten in diesen entlegenen Winkel der Stadt. Und dies nicht ganz ohne Grund: Der Ort ist zwar schön, aber die Kirche selbst hat kunsthistorisch gesehen nicht allzu viel zu bieten. Von Interesse ist eigentlich nur die sogenannte *Cattedra di San Pietro di Antiochia*, ein marmorner Thron, der dem Dogen Pietro Tradonico im 9. Jahrhundert vom byzantinischen Kaiser Michael III. geschenkt worden sein soll, in Wirklichkeit aber wohl erst im 13. Jahrhundert aus einem alten Bischofsstuhl und einer islamischen Grabstele zusammengesetzt worden war. Mit seinen an der Rückenlehne deutlich erkennbaren arabischen Ornamenten und kufischen Koranversen legt der steinerne Sessel für uns Heutige ein beredtes Zeugnis einst lebendiger christlich-muslimischer Beziehungen ab. Den Zeitgenossen hingegen galt der Thron, auf dem der Überlieferung nach der Apostel Petrus persönlich gesessen hatte, wohl als Garant für die Bedeutung, die dieser für die Entstehungsgeschichte Venedigs so wichtigen Kirche zukam.

Heute kann man sich nur noch schwer vorstellen, dass von einem so abgeschiedenen Ort wie diesem der Aufstieg der *Serenissima* ihren Ausgang genommen haben soll. Man muss es schon wissen, muss gelesen haben, dass die Ursprünge Venedigs nicht im heutigen Zentrum liegen, sondern draussen in der Lagune: dort, wo die Festlandbewohner im 5. und 6. Jahrhundert n.Chr. vor dem Ansturm erst der Westgoten und später der Hunnen Zuflucht gesucht hatten. In der Wasserwelt der Lagune konnten die berittenen Horden ihnen nichts anhaben. Hier waren sie in Sicherheit. Hier konnten sie sich niederlassen, konnten Häuser bauen und erste Kirchen errichten und nach und nach die Lagune besiedeln. Selbst die ersten Dogen hatten ihren Sitz zunächst noch auf der nördlich von Murano gelegenen Insel Malamocco gehabt und diesen erst aufgegeben, nachdem venezianische Kaufleute 828 die Reliquien des heiligen Markus aus Ägypten nach Venedig gebracht hatten und das politische Zentrum der Stadt in Richtung der über den

Gebeinen des Heiligen errichteten *Basilica di San Marco* verlegt worden war. Dass die Kirche weiterhin vom entlegenen *San Pietro di Castello* aus verwaltet wurde, soll, so sagt man, den weltlichen Herren der Stadt hingegen mehr als recht gewesen sein.

Wir sassen an diesem Vormittag noch eine ganze Weile auf einer der roten Bänke in der Sonne und schauten über den *Canale di San Pietro* hinüber nach *Castello*. Die Szenerie, die sich uns bot, sah aus wie von Guardi oder Canaletto gemalt: Braun-, Rot- und Ockertöne in allen Schattierungen, die Silhouette der Dächer ein einziges Auf und Ab, Wäsche, die auf Zinnen flatterte, Gondeln, die vor den Werkstätten auf Reparatur warteten – ein Bild, wie aus der Zeit gefallen, wenn nicht diese windschiefen Fernsehantennen und die da und dort vertäuten Motorboote auf die Gegenwart verwiesen hätten.

Was es wohl für eine Stadt bedeutete, fragten wir uns, dass die Ränder einst wichtiger gewesen waren als das Zentrum. Verschob sich dadurch der Sinn für die Machtverhältnisse? Veränderte sich das Verhalten gegenüber denen, die von aussen kamen und nach der Mitte strebten? Wurde man offener für Fremde, wenn man wusste, dass die eigenen Vorfahren einst Flüchtlinge gewesen waren? Wir kannten Venedigs Innenleben zu wenig, um Antworten auf diese Fragen zu finden. Aber sie kamen immer wieder auf, wenn wir uns an den Rändern der Stadt bewegten: dort, wo das Gebaute endet und das Feste sich im Flüchtigen auflöst.

Um zu erfahren, wie weit vom heutigen Zentrum entfernt die Anfänge der Stadt liegen, musste ich allerdings noch einen weiteren Ausflug unternehmen. Musste hinausfahren in die Lagune, an Murano und Mala-

Wäsche in der
Calle nuova in Castello

mocco vorbei bis zur Insel Torcello. Dort stehen mit den Kirchen *Santa Maria Assunta* und *Santa Fosca* die ältesten Gotteshäuser Venedigs. Beide stammen in ihrer heutigen Form aus dem 11. Jahrhundert, gehen aber, wie auch die Kirche *Santi Maria e Donato* von Murano, auf Vorgängerbauten aus dem 7. Jahrhundert zurück.

Es ging schon auf Ende Januar zu, das Wetter war noch immer strahlend, die Luft mild und der Himmel wolkenlos, als ich an den *Fondamente Nove* die Vaporetto-Linie 12 nach Torcello bestieg: allein diesmal, da Kurt einer Erkältung wegen zu Hause bleiben musste. Seit einem meiner ersten Venedig-Besuche Mitte der sechziger Jahre war ich nicht mehr dort gewesen und hatte nur noch vage Erinnerungen an flaches Land, rohes Mauerwerk und den Goldglanz byzantinischer Mosaiken. Peter war damals dabei gewesen, mein erster Mann, und Manfred, mein bester Freund, der Venedig schon kannte und den Ausflug, wenn ich mich richtig erinnere, angeregt hatte. Ich war damals überwältigt vom Zauber des Ortes, von seiner Abgeschiedenheit und seiner historischen Bedeutung, und habe mir immer gewünscht, ihn eines Tages wiederzusehen.

Die Überfahrt nach Torcello dauert fast eine Stunde und führt an unzähligen Inseln und Inselchen vorbei, manche von Gestrüpp überwuchert, andere Spuren von Bebauung aufweisend, deren Zweck nicht mehr auszumachen ist. Nachdem die meisten Passagiere in Murano und Malamocco ausgestiegen waren, befanden sich nur noch wenige Leute an Bord. Ich sass in der warmen Kabine und liess die Bilder vor dem Fenster an mir vorüberziehen: schwarze Pfähle, die die Fahrrinne markierten, Fischreusen, die filigrane Muster ins spiegelblanke Wasser zeichneten, Bojen, die in den Heckwellen unseres Bootes auf und ab tanzten, und immer wieder diese von Brombeerranken und Unkraut überwucherten Inselchen, die den Fischern früher wohl als Orientierungspunkte gedient hatten. Das schöne alte Wort Eiland kam mir in den Sinn. Es passte zu diesen namenlosen Fleckchen Land, die da so verloren im flachen Wasser lagen.

An der Anlegestelle von Torcello stieg ich als Einzige aus. Die restlichen Passagiere fuhren weiter nach *Burano*, der Endstation der Linie 12. Die Insel wirkte wie ausgestorben. Keine Häuser waren zu sehen, keine Laute zu hören, die Felder dehnten sich winterlich leer unter dem weiten Himmel. Ein sorgsam gepflasterter Weg führte mich einem Kanal entlang ins Innere der Insel. Links Gestrüpp, rechts Wasser, mehr war da nicht. Nur der am Horizont auftauchende hohe Kirchturm liess die Bedeutung ahnen, die der Ort einmal gehabt hatte. Im 7. Jahrhundert war Torcello zum Bischofssitz erhoben worden und danach so sehr gewachsen, dass die Insel Venedig eine Zeit lang in den Schatten gestellt hatte. Von den zahlreichen Klöstern und Kapellen, von den Landwirtschaftsbetrieben und sonstigen Profanbauten, die Torcello einst zu einem geistlichen wie weltlichen Zentrum der Region gemacht hatten, ist jedoch nichts mehr übrig geblieben. Nur die Kathedrale *Santa Maria Assunta* und die Kirche *Santa Fosca* sind noch da, daneben ein paar wenige Wohnhäuser, Läden und Restaurants, die während der Hochsaison von Touristen frequentiert werden. In ihrer Blütezeit soll die Insel bis zu 20 000 Einwohner gehabt haben. 2009 waren es noch deren 14.

Taverna Tipica
Veneziana auf Torcello

Zwei von ihnen standen an dem Tag Ende Januar hinter dem Tresen jener Taverne, auf die ich zwischen Anlegestelle und Kirche gestossen war. Sie hatte geöffnet, und ich war der einzige Gast. Die *Frittura mista* war frisch, der Weisswein ordentlich, und die Sonne wärmte das geschützte Plätzchen, das ich mir ausgesucht hatte. Ich war da und genoss, ich war glücklich.

Ich war auch allein, als ich wenig später die beiden Kirchen besichtigte: erst die in ihrer Schlichtheit archaisch anmutende *Santa Fosca* und dann die *Basilica di Santa Maria Assunta* mit ihrem prächtigen Mosaikfussboden und den goldschimmernden Apsiden, die auf der einen Seite den «Salvator Mundi» und auf der anderen die Muttergottes mit Kind zeigen. Ich schaute und schaute und sah, wie immer neue Figuren und religiöse Motive sich aus dem Goldgrund lösten: eine Verkündigung hoch über dem Haupt der Madonna, ein Apostelreigen zu ihren Füssen, Engel, die das Lamm Gottes hochhalten, und Kirchenväter, die das Wort des Erlösers verkünden. Und dann über dem grossen Portal das «Jüngste Gericht»: eine Darstellung des Schreckens und der Sehnsucht nach Erlösung, rechts die Verdammten mit Luzifer, der gleich einer Muttergottes den Antichrist auf seinem Schoss hält, und links die Erlösten, die von den Erzengeln aus ihren Gräbern zur ewigen Seligkeit befreit werden.

Auf der langen Fahrt in die Stadt kehrte ich in Gedanken noch einmal zur Entstehungsgeschichte Venedigs zurück. Die Vorstellung, dass die Stadt einst von den Rändern aus besiedelt und regiert worden war, faszinierte mich. Ränder, topografische wie gesellschaftliche, genossen gemeinhin einen eher zweifelhaften Ruf.

An den Rändern löste das Festgefügte sich auf. An den Rändern wurde die geltende Ordnung in Frage gestellt. Hier lebten die, die nicht dazugehörten oder nicht dazu gehören wollten, die Armen, die Gescheiterten, die Revoluzzer. Von den Rändern, den topografischen wie den gesellschaftlichen, gingen aber auch immer wieder wesentliche Impulse aus. Neue Ideen, kulturelle Errungenschaften kamen selten aus der Mitte der Gesellschaft. Es waren die Zugewanderten, es waren die Unangepassten und Ausgegrenzten, die den Konsens störten und mit ihrer anderen Sicht der Dinge die gesellschaftliche wie die künstlerische Entwicklung voranbrachten.

Für Menschen, die von den Rändern kamen, hatte ich mich deshalb stets besonders interessiert. Sie imponierten mir. Ich fühlte mich zu ihnen hingezogen. Gleichzeitig aber ging ich ihnen, wenn immer möglich, aus dem Weg. Ich wollte nicht in ihren Sog geraten. Ich wollte dazugehören und akzeptiert werden. Ich wollte nicht werden wie sie. Der Verdacht, dass diese Ambivalenz etwas mit mir und meiner eigenen Herkunftsgeschichte zu haben könnte, war mir schon relativ früh gekommen. Auch wenn ich lange Zeit kaum etwas über meine leiblichen Eltern gewusst hatte, so war mir doch stets klar gewesen, dass sie, aus was für Gründen auch immer, zu denen gehörten, die am Leben gescheitert und ins gesellschaftliche Abseits geraten waren. Die Angst, es könnte mir ähnlich ergehen, begleitete mich bis weit ins Erwachsenenleben hinein. Das Bedürfnis nach Zugehörigkeit und Akzeptanz war manchmal stärker als die Zivilcourage, die ich bei anderen so sehr bewunderte.

Wie viele Kompromisse im Beruf und auch in der Liebe auf das Konto dieses Bedürfnisses gingen, vermag ich im Nachhinein nicht mehr zu sagen. Aber es waren einige, so viel ist sicher. Immer wieder hatte ich mich angepasst und mit meiner Meinung hinter dem Berg gehalten, wo ich hätte Farbe bekennen sollen. Mehr als einmal hatte ich in einer Beziehung Ja statt Nein gesagt, nur um mir die Zuneigung des Liebsten nicht zu verscherzen. Ich wollte, es wäre anders gewesen, aber ich kann es nicht mehr ändern. Ich muss mit meinem Leben zurechtkommen und lernen, mir selbst zu verzeihen.

In meinem Buch «Spurensuche», dem ich diesen Venedig-Aufenthalt letztlich verdankte, hatte ich mich dem Wissen um meine Herkunft und dessen Auswirkungen auf mein Leben so aufrichtig wie nur möglich gestellt. Ich war damit an die Öffentlichkeit getreten und hatte deutlich gemacht, dass ich bin, die ich bin, egal, woher ich komme und was andere von mir halten. Seither waren mehr als zwei Jahre verstrichen, und der Prozess war weitergegangen. Wenn ich in diesen Wintermonaten in Venedig alleine durch die Stadt schlenderte oder in einer Bar bei einem *Crodino* oder einem *Caffè macchiato* sass, spürte ich, wie in mir etwas zur Ruhe kam und ich Schritt für Schritt bei mir selbst einkehrte. Ich liess die Erinnerungen zu, die schönen und auch die schmerzlichen. Und ich sagte mir: Das bist du, das ist dein Leben, deine Geschichte. Nimm sie an, wie sie ist. Im Nachhinein denke ich, dass jener einsame Glücksmoment auf Torcello ein solcher Akt des Innewerdens gewesen war: Ich war bei mir selbst angekommen, zu Hause bei mir.

8

Auf Vaters Spuren

«Madonna dell'arancio»
von Cima da Conegliano in den
Gallerie dell'Accademia

Auf Vaters Spuren

Nach Conegliano war ich des Malers Cima da Conegliano wegen gefahren. Seine Werke, die ich bisher in
Venedig gesehen hatte – die «Taufe Jesu» in der Kirche
San Giovanni in Bragora zum Beispiel oder die *Madonna
dell'Arancio* in der *Accademia* – faszinierten mich, ohne
dass ich genau hätte sagen können, warum. Seine Bilder
strahlen eine gewisse Kälte aus. Das Licht über seinen
Landschaften ist glasklar wie nach einem Gewitter. Die
Figuren wirken streng und ein wenig abweisend, als
wollten sie das Geheimnis ihrer Heiligkeit nicht mit uns
teilen. Aber wo immer ich ihnen begegnete, berührten
sie mich, und ich versuchte, mehr über ihren Schöpfer
zu erfahren. Schliesslich stiess ich im Internet auf den
Hinweis, dass die Stadt Conegliano im Jahr 2011 ihrem
berühmten Sohn unter dem Titel *«Cima da Conegliano
– Poeta del Paesaggio»* eine Retrospektive gewidmet und
dazu einen Katalog veröffentlicht hatte, der allerdings
mittlerweile vergriffen war. Doch in Conegliano, so
sagte ich mir, könnte er vielleicht noch irgendwo vorrä-
tig sein, wenn nicht in einer Buchhandlung, dann wo-
möglich in dem kleinen Museum, das im Geburtshaus
des Giovanni Battista Cima untergebracht ist.

Und so war es dann auch. Ich suchte die *Casa di Cima*
in Conegliano auf und fand dort den gesuchten Katalog,
nachdem ich zuvor pflichtschuldigst die vom örtlichen

Rotary Club gesponserten Gemälde-Reproduktionen bewundert hatte. Anschliessend schaute ich mir das Städtchen an, das auf so gut wie jedem Gemälde des Malers im Hintergrund zu sehen ist. Es liegt im Anbaugebiet des Prosecco, besitzt einen Dom, ein Kastell und ein klassizistisches Theater sowie zahlreiche Renaissancepaläste, die sich beidseits der *Contrada Grande* genannten Hauptstrasse aneinanderreihen. Hauptsehenswürdigkeit aber ist die *Scuola dei Battuti*, Sitz der Bruderschaft der Flagellanten, deren Saal im Obergeschoss einen prachtvollen Freskenzyklus der Maler Francesco da Milano und Pozzoserrato aus der ersten Hälfte des 16. Jahrhunderts beherbergt. Da es Samstag war und freiwillige Helferinnen Dienst taten, wurde ich als einzige Besucherin wie ein lange erwarteter Gast willkommen geheissen. Stolz wiesen sie mich auf die Fresken hin, die von der Erschaffung der Welt über Szenen aus dem Leben Jesu bis hin zum Jüngsten Gericht reichen und von einer Qualität sind, wie man sie in diesem abgelegenen Landstädtchen nicht unbedingt erwartet hätte.

Eine Überraschung ganz anderer Art aber hatte ich bereits auf der Hinfahrt erlebt. Ich hatte in Venedig den Zug nach Triest bestiegen, der mich in einer Dreiviertelstunde nach Conegliano bringen sollte. Die erste Station nach Venezia Santa Lucia war Mestre, die zweite Mogliano Veneto. Und dann kam eine Durchsage, die mich aufhorchen liess: Treviso Centrale lautete sie. Treviso war die Stadt, in der sich mein Vater in den fünfziger und sechziger Jahren aus beruflichen Gründen immer wieder für längere Zeit aufgehalten hatte. Ich hatte keine Ahnung gehabt, dass sie auf meiner Strecke lag. Ich wusste fast nichts über Treviso, nur dass mein Vater

immer wieder hatte hinfahren müssen, um die von seiner Firma gelieferten Industrieanlagen zu kontrollieren
und anstehende Reparaturarbeiten zu überwachen. Treviso ist ein Ort auf der imaginären Landkarte meiner
Kindheit, die aufs Engste mit der Erinnerung an meinen
Vater verbunden ist. Wenn er von Treviso erzählte, kam
ein Leuchten in seine Augen, und ich ahnte, dass er hier
glücklich gewesen war, auch wenn er dies meiner Mutter gegenüber nie zugegeben hätte.

Meine Mutter, die seit dem frühen Unfalltod ihres
geliebten Bruders von ständiger Verlustangst geplagt
wurde, machte ihm jedes Mal eine Szene, wenn wieder
ein Aufenthalt in Treviso anstand. Sie flehte ihn an, zu
Hause zu bleiben. Sie wurde krank, um ihn am Verrei-
sen zu hindern. Sie war besessen von dem Gedanken, es
geschehe ein Unglück, wenn sie ihn aus den Augen
liesse, so wie damals ihr Bruder zu Tode gestürzt war, als
sie beim Spielen nicht auf ihn aufgepasst hatte. Mein
Vater kannte die Geschichte und hatte Verständnis für
seine Frau. Doch wenn sein Beruf ihn rief, kannte er
keine Rücksicht.

Mir war schon als junges Mädchen klar, dass dieses
Treviso für meinen Vater etwas Besonderes war: ein Ort,
an dem er berufliche Erfüllung fand und etwas von jener
Freiheit, die ihm seine bisweilen besitzergreifende Frau
versagte. Nicht dass er fremdgegangen wäre, das glaube
ich nicht. Er war nicht der Typ dafür und meiner Mutter
zu sehr ergeben. Es war wohl eher die Unbeschwertheit,
die er dort weit von zu Hause entfernt genoss. Es waren
die Männerfreundschaften, die er pflegen konnte, ohne
mit Vorwürfen überhäuft zu werden, wenn er einmal
etwas später als sonst nach Hause kam.

Ein einziges Mal – es muss schon zu Beginn des Studiums gewesen sein und mein allererster Besuch in Venedig – hatte ich meinen Vater von dieser unbeschwerten, gewissermassen «italienischen» Seite kennengelernt. Am Tag nach unserer Ankunft in Venedig sassen meine Eltern und ich auf dem Markusplatz im *Caffè Florian* und warteten auf die Geschäftspartner aus Treviso. Als mein Vater sie von Weitem kommen sah, sprang er auf und eilte ihnen entgegen. Und dann lagen sie sich in den Armen und küssten sich! Eine solche Szene unter Männern hatte ich noch nie gesehen. Ich war befremdet, aber ich spürte auch, wie stolz mein Vater war, dass er uns endlich die Freunde vorstellen konnte, die ihm so viel bedeuteten. Er gestikulierte mit den Händen, und seine Augen blitzten. So hatte ich meinen Vater noch nie erlebt. Und auch, dass er fliessend Italienisch sprach, hatte ich bis dahin nicht gewusst. Anschliessend führten uns die Herren aus Treviso durch die Stadt. Einer von ihnen war ein gebürtiger Venezianer. In seiner Begleitung konnte ich zum ersten Mal beobachten, wie die Bewohner Venedigs sich in ihrer labyrinthischen Stadt zurechtfinden, als trügen sie einen imaginären Plan im Kopf mit sich herum.

An diese Begegnung erinnerte ich mich, während mein Zug den Bahnhof Treviso in Richtung Conegliano verliess, und ich nahm mir vor, der Stadt gelegentlich einen Besuch abzustatten. Gegen Ende März war es dann so weit. Kurt und ich fuhren nach Treviso. Die Stadt ist malerisch zwischen zwei Flussläufen, dem Sile und dem Botteniga, gelegen und zusätzlich von drei Kanälen durchzogen, was ihr den Beinamen *città delle acque* eingetragen hat. Sie besitzt ein gotisches Rathaus, den *Palazzo dei Trecento*, sowie einen Dom mit einem Freskenzyklus von Pordenone und einer romanischen Krypta. Da unser Besuch in die Karwoche fiel, war der Dom leider geschlossen. Auf eine Besichtigung des Rathauses wie auch des Städtischen Museums verzichteten wir und verpassten damit eine Kuriosität, auf die Treviso besonders stolz ist: die *Fontana delle Tette* mit einer Brunnenfigur, aus deren Brüsten einst an gewöhnlichen Tagen Wasser, an Feiertagen jedoch Weiss- und Rotwein geflossen sein soll.

Nachdem wir vom Bahnhof herkommend eine Weile durch die *Via Calmaggiore*, Trevisos Einkaufsstrasse, geschlendert waren, setzten wir uns auf der *Piazza dei Signori* in ein Café und bestellten uns einen *Crodino*, unser alkoholfreies Lieblingsgetränk, seit wir in Venedig waren. Hinter uns erhob sich der *Palazzo dei Trecento* mit seinen imposanten Zinnen und mächtigen Gewölbegängen, in denen wohl früher Markt abgehalten worden war, daneben die elegante *Loggia dei Cavalieri*, im Mittelalter der Versammlungsort der örtlichen Ritterschaft. Dass Treviso gegen Ende des Zweiten Weltkriegs durch alliierte Bombenangriffe schwer beschädigt wurde, sieht man der sorgfältig restaurierten Stadt nicht mehr an. Sie wirkte an diesem strahlend schönen Frühlingstag ausgesprochen idyllisch. Vor allem die Promenade entlang des Sile lud zum Flanieren ein. Wir folgten ihr bis zum *Ponte Dante*, der so heisst, weil der Fluss Sile im IX. Gesang von Dantes «Paradiso» Erwähnung findet. Hier, in der gleichnamigen *Trattoria Ponte Dante*, liessen wir uns zum Mittagessen nieder. Wir bestellten uns *Lasagne Verdi*, tranken ein Glas Weisswein dazu und unterhielten uns über den Grund unseres Besuchs: mei-

117

Laubengang in Treviso

nen Vater, mit dem der Name Treviso für immer verbunden geblieben war. Erzählt hatte er eigentlich nie viel über seinen Aufenthalt in der Stadt. Ich merkte nur immer, wie er sich darauf freute, auch wenn er sich oftmals über das karge italienische Frühstück mit der immer gleichen Marmelade beklagte und sich mit der lokalen Küche schwertat, weil er nicht gerne Fisch ass. Aber sonst? Dass meine Mutter und ich uns nur mässig für die Details seiner Ingenieurstätigkeit interessierten, wusste er und verschonte uns damit. Und etwas anderes gab es vermutlich wirklich nicht zu erzählen.

Mein Vater war ein eher schweigsamer Mensch gewesen. Er war da, aber er machte nicht viel Aufhebens davon. In unserer Familie war er der ruhende Pol. Obwohl in jungen Jahren von aufbrausendem Temperament – lautstarke Szenen sind mir aus Kindertagen dunkel in Erinnerung geblieben –, wusste er sich mit zunehmendem Alter zu beherrschen und liess sich auch von seiner leicht hysterischen Frau nicht aus der Fassung bringen. Er umsorgte sie, er stand ihr bei, auch wenn es ihm nicht immer leicht gefallen sein dürfte. Nie ging er abends alleine aus, nie kam er zu spät nach Hause, und wenn, dann nur, weil eine Strassenbahn ausgefallen war oder er – was äusserst selten vorkam – unterwegs zufällig einen Kollegen aus dem Militärdienst getroffen hatte. Die Vorwürfe, die darauf folgten, nahm er wortlos hin. Er wusste, dass sie Mutters übertriebener Ängstlichkeit zuzuschreiben waren und nicht ihrem Misstrauen oder dem Bedürfnis, ihn zu kontrollieren.

Im Gegensatz zu seiner Frau schien er keine Angst zu kennen. «Es chunt, wie's muess», lautete seine Devise. Er habe sie von seiner Mutter übernommen, sagte er.

Diese sei durch nichts zu erschüttern gewesen, auch nicht durch das Treiben ihrer waghalsigen Söhne, die sich gerne vom Kamin des Wohnhauses am Berner Breitenrainplatz abseilten oder riskante Bergtouren unternahmen, bei denen sie auch einmal in eine Lawine geraten oder in eine Gletscherspalte gestürzt waren. Mein Vater erzählte diese Geschichten immer wieder, und ich hörte sie gern, weil sie mir das Gefühl gaben, so lange er da sei, könne nichts Schlimmes passieren. Mein Vater war für mich die Verlässlichkeit in Person. Er gab mir die Gewissheit, dass er hinter mir stand, bedingungslos und unverbrüchlich, was immer ich tat. Ich verdanke ihm ein Grundvertrauen ins Leben, das mich bis heute trägt.

Während wir in der Trattoria am Sile-Ufer in der Sonne sassen und ich Kurt zum x-ten Mal von Vaters Aufenthalten in Treviso und unserem ersten Venedig-Besuch zu Beginn der sechziger Jahre erzählte, wurde mir einmal mehr bewusst, welch widersprüchliche Vater-Bilder ich mit mir herumtrug: hier dieser stets präsente, verlässliche Arnold Fuhrimann, der mich mit ruhiger Hand durch meine Kindheit und Jugend begleitet hatte, und dort der abwesende Josef App, von dem ich lange Zeit nicht mehr gewusst hatte, als dass er Frauen ins Unglück gestürzt und Kinder im Stich gelassen hatte. Ihm verdankte ich, dass ich auf der Welt war, mehr allerdings auch nicht. Aber er beschäftigte mich, weil er anders war als alles, was ich kannte, verantwortungslos, unstet, leichtlebig, und ich mich fragte, was davon wohl in mir weiterlebte.

Aus mittlerweile aufgetauchten Fürsorgeakten weiss ich heute, dass er zu jenen rund 60 000 Personen in der

Schweiz gehört hatte, die noch Jahrzehnte nach dem Zweiten Weltkrieg aus oft nichtigem Anlass und ohne Gerichtsurteil entmündigt und administrativ versorgt worden waren. In den Unterlagen, die die Tochter meines ältesten Halbbruders, Josef Apps Enkelin also, im Staatsarchiv hatte einsehen können, ist von liederlichem Lebenswandel, von Arbeitsscheu, Alkoholmissbrauch und Lügenhaftigkeit die Rede, und es fallen Begriffe wie «asozial» und «psychopathisch»: ein Verdikt, das in jener Zeit offenbar gerne verwendet wurde, wenn es darum ging, von der Norm abweichendes Verhalten zu beurteilen.

Als ich die Akten, die mir meine Nichte hatte zukommen lassen, studierte, kam mir die Wortwahl bekannt vor. Ich war ähnlichen Begriffen bereits früher begegnet: in den Krankenakten meines verstorbenen Mannes Walter Matthias Diggelmann, die mir die Heil- und Pflegeanstalt Rheinau nach dessen Tod hatte zukommen lassen. Auch er war als junger Mann in die Fänge der Vormundschaftsbehörden geraten und von den Ärzten der Irrenanstalt Rheinau, wie es damals noch hiess, als «trotziger und geltungssüchtiger Psychopath» abgestempelt worden, obwohl er nichts weiter war als ein verirrter Jugendlicher, der sich der drohenden Einweisung in eine Erziehungsanstalt durch Flucht nach Italien zu entziehen versucht hatte und dort der deutschen Wehrmacht in die Hände gefallen war. Dass es Parallelen zwischen Diggelmanns Lebensgeschichte und derjenigen meines leiblichen Vaters geben könnte, hatte ich zwar schon lange geahnt. Gleichwohl erschrak ich, als ich jetzt nach all den Jahren die Bestätigung geliefert bekam. Ja, es traf wohl zu, dass ich, ohne mir dessen bewusst zu sein, die Ähnlichkeit zwischen den beiden Männern erkannt und in dem Mann, den ich liebte, den Vater gesehen hatte, den zu lieben mir nicht vergönnt war.

Als Kurt und ich nach dem Essen in der *Trattoria Ponte Dante* noch eine Weile durch die Stadt spazierten, versuchte ich mir vorzustellen, wie mein Vater damals in den fünfziger Jahren durch eben diese Gassen gegangen war. Ich hatte keine Ahnung, in welchem Hotel er untergebracht gewesen war und wo sich die Industrieanlagen befunden hatten, um die er sich kümmern musste. Ich wusste nicht, wie er sich gefühlt und wie er seine Abende verbracht hatte. Ich wusste nichts. Mein Vater hatte so wenig erzählt, und ich hatte nicht gefragt. Ich war in der Zeit seiner Abwesenheit zu Hause gewesen, war zur Schule oder an die Uni gegangen und hatte mich abends um meine von ihren Ängsten gepeinigte Mutter gekümmert. Es waren schwierige Zeiten, und meine Erleichterung war jeweils gross gewesen, wenn Vater nach Hause kam und wieder Ruhe in unserer Familie einkehrte.

Während wir an alten Palästen vorbei durch die schmalen Gassen und die an die Stadt Bern erinnernden Lauben schlenderten, vermeinte ich diese Ruhe wieder zu spüren. Und es packte mich eine Sehnsucht nach diesem Mann, der mir mehr Vater gewesen war, als es ein leiblicher Vater je hätte sein können. Gerne hätte ich ihm das noch einmal gesagt. Doch nun war es zu spät. Nur der kleine Wollhase, der ihn auf all seinen Geschäftsreisen begleitet hatte, sitzt heute noch auf meinem Nachttisch und erinnert mich an ihn.

9

Alles ist Abschied

Campiello Castelforte

Alles ist Abschied

Zwei Wochen, bevor unser Aufenthalt in Venedig zu
Ende ging, schilderte ich einem Freund in einer länge-
ren Mail, wie ich die vergangenen Monate erlebt hatte.
«Ja, für mich bricht in der Tat allmählich die Phase der
Bilanz an», schrieb ich ihm. «Was habe ich aus diesem
Venedig-Aufenthalt gemacht? Was hat er mit mir gemacht? Zu sagen, Venedig sei zu einem Selbstfindungs-
trip geworden, wäre übertrieben. Aber es hat mir gezeigt, dass es ein Leben jenseits von Arbeit, Leistung
und Selbstbestätigung gibt, und es hat mich entschleunigt. Ich bin zwar kein Fan von Langsamkeit, aber es ist
schön und tut gut zu sehen, dass es auch ohne Hetze
geht. In Venedig hat alles seinen zutiefst menschlichen
Rhythmus: die Passanten in den Gassen, die Gondeln
und Vaporetti auf dem Wasser, die Handwerker, die ihre
Karren über die Brücken stemmen, die Lastschiffe, die
auf dem *Campiello* vor unserem Haus ihre Waren entla-
den. Nichts geht schnell und ist am Ende doch effizient.
Ich hoffe, etwas von diesem Lebensgefühl in den kommenden Alltag hinübernehmen zu können. Ich möchte
mich langsam, aber sicher aus dem journalistischen
Geschäft zurückziehen. Ich brauche es nicht mehr.»

Nachdem Kurt und ich am 6. April von einem Kurz-
aufenthalt in der Schweiz ein letztes Mal nach Venedig
zurückgekehrt waren, hatte die Zeit des Abschiedneh-

mens begonnen. Mit einem Mal merkten wir, dass uns der Sinn mehr nach Wiedersehen und Wiederholung denn nach Neuentdeckungen stand. Wir wollten noch einmal die Orte aufsuchen, die uns besonders gefallen hatten. Wir wollten noch einmal die Dinge tun, die uns während unseres viermonatigen Aufenthalts besonders lieb geworden waren: noch einmal auf dem *Campo Santa Margherita* oder dem *Campo San Giacomo dell'Orio* in der Sonne sitzen und einen *Crodino* trinken, noch einmal vom Turm von *San Giorgio Maggiore* über die blauen Kuppeln hinweg auf das *Bacino di San Marco* schauen, noch einmal auf dem Fischmarkt von *Rialto* von Stand zu Stand schlendern und einen Fisch zum Abendessen aussuchen, noch einmal frisches Gemüse vom Schiff vor dem *Campo San Barnaba* kaufen, noch einmal vom Fenster unserer Wohnung aus den Handwerkern zuschauen, wie sie ihre Boote ein- und ausladen, noch einmal sonntags um halb elf in der *Basilica di San Marco* den hellen Stimmen des Chors lauschen, die sich im goldenen Schimmer der Kuppeln verlieren, noch einmal die Möwe «Tonto» füttern, die nach einem Hundebiss von den Bewohnern des *Palazzo Castelforte* gesund gepflegt worden war, noch einmal die Friedhofsinsel *San Michele* wie eine Fata Morgana aus dem Wasser steigen sehen, noch einmal in den *Gallerie dell'Accademia* vor Tizians *Pietà* stehen und sich der eigenen Endlichkeit bewusst werden, noch einmal und immer wieder das Geläut der Glocken von *San Pantalon* hören, das uns die vier Monate hindurch so getreulich begleitet hatte.

Jeden Morgen waren wir in den wenigen noch verbleibenden Wochen aufgebrochen, um «unserem» Venedig einen letzten Besuch abzustatten: allen voran der

Cà Rezzonico, deren umfangreiche Sammlung an Bildern Canalettos, Guardis und Pietro Longhis uns immer wieder von Neuem ins Venedig des 18. Jahrhunderts hatte eintauchen lassen, aber auch der Dachterrasse des *Fondaco dei Tedeschi* und insbesondere der *Pinacoteca Querini Stampalia*, die uns mit der erstmaligen Gegenüberstellung von Bellinis und Mantegnas «Darbringung Jesu im Tempel» eine Künstlerbegegnung der besonderen Art bescherte.

Ganz ohne es zu wollen, stiessen wir auf diesen Streifzügen aber doch auch immer wieder auf Neues und Unbekanntes und mussten uns eingestehen, dass wir mit diesem Venedig noch lange nicht fertig waren. Da war etwa die *Scuola di San Giorgio degli Schiavoni*, an der wir wohl achtlos vorübergegangen wären, wenn nicht ein Schild auf die Bedeutung des Gebäudes und seiner Kunstschätze, darunter vor allem Vittore Carpaccios Bilderzyklus über die Heiligen Georg, Tryphon und Hieronymus, hingewiesen hätte. Zu sehen, wie Georg den erlegten Drachen im Triumphzug durch die Stadt schleift oder Hieronymus, den Löwen im Schlepptau, seine Mitbrüder in die Flucht schlägt, entschädigte uns ein wenig dafür, dass uns Carpaccios Bilderzyklus der Ursula-Legende in der *Accademia* wegen Bauarbeiten vorenthalten worden war.

Eine lang erwartete Premiere war aber auch der Besuch der *Punta della Dogana*, die der japanische Architekt Tadao Ando in ein Museum umgestaltet hatte. Sie liegt an der äussersten Spitze des *Sestiere Dorsoduro*, dort wo die *Fondamenta Zattere* endet und die Kirche *Santa Maria della Salute* die Einfahrt zum *Canal Grande* bewacht. Das Museum war erst am 8. April wieder eröffnet worden und zeigte nun unter dem Titel «Dancing with myself» Werke aus der Sammlung François Pinault, die sich mit dem Körper, der Person, der Biografie der Künstlerinnen und Künstler auseinander-setzen, darunter Arbeiten von Maurizio Cattelan, Gilbert & George, Nan Goldin, Cindy Sherman, Urs Lüthi, Martin Kippenberg und anderen: ein Thema, das mich wohl deshalb besonders ansprach, weil ich mich in jüngster Zeit selbst so intensiv mit mir und meiner Identität beschäftigt hatte. Als wir nach langem Verweilen in den abgedunkelten Räumen wieder ins helle Licht dieses Frühlingstages heraustraten, wussten wir nicht, was uns mehr fasziniert hatte, die Selbstbespiegelungen der so ganz unterschiedlichen Künstlerpersönlichkeiten oder die Architektur, die in ihrer bald rohen, bald filigranen Textur östliche und westliche Ästhetik scheinbar mühelos miteinander verbindet.

Nur wenige Tage später setzte eine Aufführung der Vivaldi-Oper «Orlando Furioso» im *Teatro Malibran* den letzten künstlerischen Höhepunkt unseres Aufenthalts in Venedig. Hier, in diesem Haus aus dem frühen 18. Jahrhundert, hatte einst der berühmte Kastrat Farinelli auf der Bühne gestanden und den Werken Scarlattis und Händels zum Erfolg verholfen. Heute dient es dem *Teatro La Fenice* als Aufführungsort vor allem von Barockwerken und Mozart-Opern. Schon als wir den von hohen Häusern gesäumten Innenhof betraten, wähnten wir uns in einer anderen Welt. Und als sich dann der Vorhang auf eine höchst barocke Szenerie hin öffnete und die Sopranistinnen und Countertenöre zu ihren schwindelerregenden Arien ansetzten, durften wir das moderne Venedig mit seinem Massentourismus endgültig hinter uns lassen und uns für die Dauer eines Abends in die Glanzzeiten der *Serenissima* versetzt fühlen.

Mit jedem Wiedersehen eines Ortes, jedem Wiederholen einer lieb gewordenen Gewohnheit wurde dieses Gefühl, Venezianerin unter Venezianern zu sein, stärker – gleichzeitig mit ihm aber auch das Wissen, dass dieses Gefühl nicht von Dauer sein würde. Meine Zeit in Venedig war abgelaufen. Ich wusste es und tat mich doch schwer damit. Mir war, als nähme ich mit dem Abschied von der Stadt auch etwas von jenen Abschieden vorweg, die mir selbst noch bevorstanden: den Abschied von Menschen, die ich lieb gewonnen, den Abschied von Dingen, an die ich mein Herz gehängt hatte. Der Aufenthalt im *Palazzo Castelforte* hatte mir einen Aufschub gewährt. Den Schmerz des endgültigen Abschiednehmens ersparte er mir nicht.

Auf diesen Prozess, das war mir bewusst, würde ich mich nach meiner Rückkehr in die Schweiz ernsthaft einlassen müssen. Kurt und ich gehen auf die achtzig zu. Es war höchste Zeit, unser Haus zu bestellen. Wir sollten, wir wollten es tun, solange wir dazu noch in der Lage waren. Gesprochen hatten wir schon des öftern darüber. Nun waren wir auch innerlich dazu bereit. Kurt hatte schon in seinem früheren Leben als Kapuziner gelernt, dass nicht das Haben zählt, sondern das Sein und man jederzeit bereit sein sollte, vertraute Orte hinter sich zu lassen und weiterzuziehen wie ein Zugvogel, der im Herbst das Land verlässt. Und auch mir kam diese Haltung im Grunde sehr entgegen. Ich hatte in jungen Jahren lange Zeit versucht, mir nur so viel Besitz anzueignen, dass ich von heute auf morgen hätte aufbrechen und woanders ein neues Leben beginnen können,

Campo San Giacomo dell'Orio

und ich hatte auch stets einen Pass auf mir getragen, der es mir erlaubt hätte, den nächstbesten Zug zu besteigen und im Nirgendwo zu verschwinden.

Verwirklicht hatte ich diese Träume allerdings nie. Nachdem ich mein Studium abgeschlossen und beruflich Fuss gefasst hatte, waren Verbindlichkeiten und Verpflichtungen entstanden, die auch mich dauerhaft an Menschen, Orte und Dinge gebunden hatten. Doch nun, auf der letzten Strecke meines Erdenlebens, wollte ich einmal noch den umgekehrten Weg gehen: nicht Beziehungen beenden, dies nicht, aber mich aus vermeintlichen Verpflichtungen, beruflichen vor allem, lösen und Besitz abgeben, der mir hinderlich zu werden begann. Aus diesem Grund hatten Kurt und ich nach unserer Rückkehr aus Venedig beschlossen, über kurz oder lang unser Häuschen in Arbedo zu verkaufen. Da wir keine Kinder haben, denen wir es hätten weitergeben können, hielten wir es für vernünftig, den Verkauf noch zu unseren Lebzeiten zu tätigen und über den Ertrag frei verfügen zu können. Leicht fiel uns und insbesondere mir der Abschied nicht. Das alte Haus, das meine Eltern sich einst als Ruhesitz gekauft hatten, hatte in meinem Leben eine wichtige Rolle gespielt. In Arbedo hatte ich mit Peter, meinem ersten Mann, viele unbeschwerte Wochenenden verbracht. In Arbedo hatte ich mich während dreier Monate auf meine Uni-Abschlussprüfungen vorbereitet. In Arbedo hatte mein zweiter Mann, Walter Matthias Diggelmann, seinen Roman «Filippinis Garten» geschrieben, den letzten, der ihm vor seinem frühen Tod noch vergönnt gewesen war und einer seiner besten. Und schliesslich war Arbedo auch für mich und Kurt wichtig geworden. Hier hatten wir uns treffen können, als er noch im Kloster war und wir uns öffentlich nicht hatten zusammen blicken lassen dürfen. Den Ort all dieser Erinnerungen hinter mir lassen zu müssen, war hart. Aber es musste sein. Ich wollte klare Verhältnisse schaffen und mich nicht mehr über Gebühr mit materiellen Gütern belasten. Ich wollte nicht mehr arbeiten um der Arbeit willen. Ich wollte ungebundener werden, leichter, freier – bis mich eines Tages nichts mehr hielte in dieser Welt.

So hatte ich es mir in Venedig vorgenommen. Und konnte doch nicht verhindern, dass ich meinen guten Vorsätzen ab und an untreu wurde. Kaum war ich zu Hause wieder so richtig angekommen, meldete die alte Arbeitslust sich zurück und zeigte mir, dass ich mit meinen beruflichen Ambitionen doch noch nicht ganz abgeschlossen hatte. Wozu auch, sagte ich mir dann und genoss das Gefühl innerer Zufriedenheit, das ein gut ausgeführter Auftrag mir bot. Dass es inkonsequent war, brauchte mir niemand zu sagen. Ich wusste es und versuchte, mit meinen inneren Widersprüchen zurechtzukommen. Ja, ich wollte Ballast abwerfen, wollte mich aus Verbindlichkeiten lösen und Abschiede vorwegnehmen, die mir ohnehin bevorstanden. Und doch verlangte es mich immer wieder danach, mitzumachen, mitzugestalten und teilzuhaben am aktuellen Geschehen. Ab und an überkam mich sogar eine regelrechte Gier nach Leben, und ich wünschte mir, noch einmal all das tun zu können, was ich so sehr geliebt hatte. Ich hätte noch einmal ins Unbekannte aufbrechen, dem Leben eine neue Richtung geben und in jene Zeit zurückkehren mögen, als es für alles ein erstes Mal gab: zum ersten Mal das Buch lesen, das das Leben verändert, zum ersten Mal in ein Land reisen, von dem man immer schon träumte, die ersten Theatertränen weinen, ein erstes Mal verliebt sein, den ersten Kuss bekommen, zum ersten Mal erschauern ob der Berührung einer fremden Hand auf meiner Haut … In Gedanken war dies alles noch möglich, realisieren liess es sich nicht mehr.

In den stillen Stunden, die ich allein in Venedig verbrachte, hatte ich versucht, mich mit dieser Tatsache anzufreunden und, statt der Vergangenheit nachzutrauern, mich auf die Gegenwart zu besinnen. Ich war da, ich lebte und durfte geniessen, was der Tag mir bot. Der Zwang, vorauszuschauen, zu planen und alles im Griff haben zu wollen, fiel langsam von mir ab. Ich sagte mir, dass ich erreicht hatte, was ich erreichen konnte, und ich niemandem mehr etwas beweisen musste. Ich konnte geschehen lassen, was auf mich zukam. Ich durfte annehmen, was das Schicksal für mich bereithielt. Ich hatte aber auch keine andere Wahl.

10

Ein neuer Anfang

Blick zurück auf
den Palazzo Castelforte

Ein neuer Anfang

Heimkommen hatte in den letzten Wochen und Monaten bedeutet: in *Venezia S. Lucia* aus dem Zug steigen, den *Ponte degli Scalzi* überqueren und bei der Kirche *San Simeone Piccolo* in die *Calle nuova S. Simeone* einbiegen, dann rechts und links und noch einmal links über den *Ponte Canal* unter einem Torbogen hindurch bis zur Kreuzung, dort geradeaus über die *Calle delle Chiovere*, dann rechts rein in die *Calle di Castelforte* – und schon stand man vor der Haustür mit der Nummer 3106, die vier Monate lang unser Zuhause war. Doch seit wir am 15. April 2018 diese Türe hinter uns hatten ins Schloss fallen lassen und mit unserem Gepäck Richtung Bahnhof gegangen waren, stimmte das nicht mehr. Die Adresse *San Polo 3106* gehört heute anderen Gästen der Forbergstiftung, und wir sind wieder an der Alten Landstrasse in Männedorf zu Hause.

Viele Male hatten wir dieses Heimkommen nach Venedig erlebt: wenn wir aus der Schweiz kamen, wo wir jeweils am Monatsende unsere Post erledigten und ausstehende Rechnungen beglichen, aber auch wenn wir von Ausflügen zurückkehrten, die uns aufs Festland geführt hatten, nach Triest zum Beispiel oder nach Padua, nach Conegliano, nach Treviso und einmal sogar nach Ravenna. Stets warteten wir gespannt auf den Moment, da das bebaute Land zurückblieb und der Blick hinausging in die Weite der Lagune, an deren Horizont die Kirchtürme und Paläste Venedigs zwischen Wasser und Himmel zu schweben schienen. Es war eine Fahrt aus einer Welt in eine andere Welt: weg vom festen Land hinein ins fliessende Reich der Kanäle und der wie Inseln im Wasser liegenden Gebäude.

An diesem 15. April 2018 gingen wir den umgekehrten Weg: raus aus der Lagunenstadt zurück in unsere alte Welt, in der Autos fahren und Strassen statt Kanäle die Städte durchziehen. Der Abschied war uns schwer gefallen. Nun da die Tür hinter uns zugefallen war und der Schlüssel unerreichbar im zweiten Stock auf dem Küchentisch lag, wussten wir, dass es kein Zurück mehr gab. Unser Aufenthalt in der Stadt war zu Ende gegangen – und mit ihm dieses kostbare Gefühl des Losgelöstseins, diese Gewissheit, Zeit zu haben, nichts zu müssen, sondern einfach nur da sein zu dürfen ohne Ziel und Zweck ... Es hatte mich begleitet vier Monate lang. Ich hatte mich ihm hingegeben, ich hatte es genossen, aber ich war mir nicht sicher, ob ich es mir auch in meinem schweizerischen Alltag würde bewahren können.

Zu Beginn meines Aufenthalts in Venedig hatte ich mir zwei Dinge vorgenommen: das Alleinsein zu üben und auf berufliche Verpflichtungen zu verzichten. Mit dem Alleinsein hatte es nicht so ganz klappen wollen. Jedes Mal, wenn ich ohne Kurt und ohne anderweitigen Besuch in der Stadt war, fühlte ich mich verloren und wusste nicht, was ich mit all der Zeit anfangen sollte, die mir zur Verfügung stand. An den langen Winterabenden dehnten sich die Stunden, bis es Zeit war, zu Bett zu gehen, und unterwegs fehlte mir ein Gegenüber, mit dem ich meine Eindrücke teilen konnte. Ich war im

Grunde genommen nicht gerne allein. Ich brauchte jemanden, mit dem ich meine Gedanken und Empfindungen teilen konnte: jemanden wie Kurt, der mich begleitete und mit dem ich mich austauschen konnte. Seit Kurt eine Woche nach mir nach Venedig gekommen war, waren wir fast immer gemeinsam unterwegs gewesen, hatten die Schönheiten der Stadt erkundet und dabei noch einmal zu einer ganz neuen Form der Gemeinsamkeit gefunden. Noch nie waren wir so lange zusammen an einem fremden Ort gewesen. Noch nie hatten wir Gelegenheit gehabt, uns so intensiv mit einer Stadt, ihren schönen, aber auch ihren problematischen Seiten, auseinanderzusetzen. Und ausser in den Ferien waren wir auch noch nie so frei gewesen, zu tun und zu lassen, was uns gefiel. Dieses gemeinsame Erleben vermisste ich, kaum dass Kurt jeweils für kurze Zeit allein nach Hause gefahren war, und ich musste mir eingestehen, dass es leichter war, vom Alleinsein zu reden, als es zu ertragen.

Treu hingegen war ich dem Vorsatz geblieben, während des Aufenthalts in Venedig die beruflichen Verpflichtungen hinter mir zu lassen. Ohne zu planen und mich an Terminen festzuhalten, hatte ich in den Tag hinein gelebt. Und Kurt, dem dies noch nie schwer gefallen war, hatte es mir gleichgetan. In der Regel brachen wir nach einem ausgiebigen Frühstück auf, um – einziger Fixpunkt des Tages – eine bestimmte Kirche, ein Museum oder einen Palazzo zu besichtigen. Hinterher aber liessen wir uns treiben, tranken da einen Kaffee, nahmen dort eine Kleinigkeit zu uns und lernten auf diese Weise die Stadt aus immer wieder neuen Blickwinkeln kennen. Zurück in der Wohnung, ruhten wir uns aus, lasen, plauderten und liessen den Tag an uns

3106

San Polo 3106

vorüberziehen. Vor dem Abendessen spielte ich meist noch ein wenig Klavier. Danach fanden wir uns in der Küche wieder, assen zusammen, hörten Musik oder verbrachten den Abend vor dem Fernsehapparat, der nach mehreren vergeblichen Versuchen ganz zum Schluss unseres Aufenthalts doch noch hatte zum Laufen gebracht werden können.

Von da den Weg zurück in den schweizerischen Alltag zu finden, dürfte nicht ganz einfach werden, das war mir klar. Venedig war ein Ausnahmezustand gewesen: eine exklusive Oase im Fluss der Zeit. Die Tage hatten nur uns gehört, uns und der Stadt mit ihren *Calli*, die um alle Ecken und manchmal ins Nirgendwo führten, ihren Brücken, die dem Weg von A nach B den Verlauf vorgaben, und den *Campi*, die zum Innehalten einluden nach einem langen Marsch. Die Stadt hatte uns den Rhythmus vorgegeben, und wir hatten uns ihm angepasst.

In der ersten Zeit nach unserer Rückkehr in die Schweiz kreisten unsere Gedanken und Gespräche denn auch fast ununterbrochen um Venedig. Unsere Wohnung glich einem kunterbunten Souvenirladen. Auf dem Glastisch im Wohnzimmer stapelten sich Bücher und Prospekte über die Sehenswürdigkeiten der Stadt. Auf dem Bücherregal standen Wechselrahmen mit Fotos, die Kurt am Computer ausgedruckt hatte. Und in der Küche erinnerte die kleine Kaffeemaschine mit der roten Dogenmütze auf zwei winzigen Tässchen an unsere Besuche im *Caffè del Doge*, das so versteckt in der etwas finstern *Calle Cinque* liegt, dass wir es ohne die rote Laterne des nahen China-Restaurants wohl nie auf Anhieb gefunden hätten. Bei all den Memorabilien ging es jedoch längst nicht mehr nur um die Stadt als solche. Venedig war zur

Chiffre geworden für ein Lebensgefühl. Es stand für einen Neuanfang, der zugleich ein Abschied war.

Ja, ich bin anders aus Venedig zurückgekehrt, als ich gegangen war. Ich bin freier, gelassener und ruhiger geworden. Es gibt zwar immer wieder Rückfälle. Dann kommt die alte Unruhe über mich. Ich möchte ausbrechen aus dem Alltagstrott, möchte noch einmal durchstarten, mich noch einmal neu erfinden. Doch die Phasen werden kürzer und seltener. Ich kenne sie mittlerweile, ich stelle mich ihnen und weiss mit ihnen umzugehen. Und wenn sie vorüber sind, spüre ich, wie etwas von der Unbeschwertheit zurückkehrt, die ich mir während der vier Monate in Venedig zugelegt habe. Es zieht mich nach dem Frühstück nicht mehr fast zwanghaft an meinen Schreibtisch, und ich suche auch nicht mehr fieberhaft nach neuen Aufträgen. Stattdessen geniesse ich das Nichtstun und lebe in den Tag hinein. Ich breche an heiterhellen Werktagen mit Kurt zu Spaziergängen auf. Ich bin bereit, auch unter der Woche für ein paar Tage in die Berge zu fahren. Ich treffe mich mit Freundinnen in der Stadt – und das alles ganz ohne schlechtes Gewissen. Einladungen zu Veranstaltungen oder Anfragen für Vorträge und Artikel sind zwar nach wie vor willkommen, aber ich überlege mir genauer, was ich annehmen will und was nicht. Die Erfahrung, wie wohltuend ein Nein zur richtigen Zeit sein kann, ist neu. Ich geniesse sie und spüre Energien frei werden, die ich für mich nutzen kann.

Das Alter, so sage ich mir, mag viele Unannehmlichkeiten mit sich bringen. Einen positiven Nebeneffekt aber hat es: Es macht uns frei, frei von Rücksichten und Zwängen, die der eigenen Entwicklung hinderlich waren. Ich brauche nicht mehr lieb Kind zu sein, wenn ich keine Lust dazu habe. Die Zeiten, da ich mit meiner Meinung hinter dem Berg hielt, weil ich es mit niemandem verderben wollte, sind vorbei. Ich muss keine Leistung mehr erbringen, muss mich keinem Wettstreit mehr aussetzen und mich auch nicht mehr beweisen. Ich werde nicht mehr nach meiner Leistung, nach meinem Nutzen oder gar nach meinem Aussehen beurteilt. Ich diene keinen Interessen, keinem Zweck mehr. Ich darf einfach die sein, die ich bin.

Schon in meinem Buch «Spurensuche» vor drei Jahren hatte ich solche und ähnliche Gedanken formuliert. Ich hatte Rückschau gehalten auf mein Leben, hatte Bilanz gezogen und Rechenschaft abgelegt über Gelingen und Versagen. Und ich war der Frage nachgegangen, wie ich zu der hatte werden können, die ich heute bin. Eine abschliessende Antwort fand ich zwar nicht. Aber ich wusste jetzt etwas besser als vorher, welche Erfahrungen, welche Begegnungen, welche Lektüren auch mich geprägt hatten und welchen Menschen ich es verdankte, dass ich mich gerade so und nicht anders hatte entwickeln können. Die Arbeit an dem Buch hatte mich mir nähergebracht und mir Bereiche meines Ichs erschlossen, die mir verschlossen gewesen waren. Am Ende hatte mich das Buch die Familie finden lassen, nach der ich mich stets gesehnt hatte, und mir wenigstens ansatzweise Antworten auf meine Fragen nach meiner Herkunft geliefert. Nun setzt dieser Prozess sich fort. Ich spüre, wie der Kreis sich langsam schliesst. Ich bin am Ende von etwas angelangt und bin offen für das, was kommt. Ich fühle mich frei wie noch nie: frei für den letzten Abschnitt meines Lebens. Ich werde im April 2020 80 Jahre alt. Wer weiss, wie viel Zeit mir noch bleibt.

Lieblingsorte

Blick vom Turm der
Chiesa di San Giorgio
Maggiore auf das
Bacino di San Marco

Lieblingsorte

CAFÉS UND BARS

Caffè Rosso
Campo Santa Margherita, Dorsoduro 2963

Einfaches von Einheimischen, Studenten und Touristen frequentiertes Lokal, das an manchen Abenden auch kleine Jazzkonzerte anbietet.

*

Caffè del Doge
Calle Cinque, San Polo 609

Versteckt in einer dunklen Seitengasse gelegenes, sehr gut besuchtes Café mitten in Rialto, das für seine eigene Kaffeerösterei bekannt ist.

*

Caffè dei Frari
Fondamenta dei Frari, San Polo 2564

Am Kanal direkt gegenüber der Frari-Kirche gelegenes Café, dessen aus dem Jahr 1870 stammende bukolische Wandmalereien eine heiter-verspielte Stimmung verbreiten.

*

Bar ae Maravegie

Ponte de le Maravegie, Dorsoduro 1185

Unweit der Accademia gelegenes Lokal, das neben Cicchetti und Sandwiches auch ein paar warme Gerichte anbietet und durch seine altmodische Ausstattung besticht.

* * *

RESTAURANTS

La Zucca

Fondamenta del Megio, Santa Croce 1762

An der Kreuzung zweier Kanäle gelegenes, ausgesprochen freundliches Lokal, das Vegetariern und Leuten, die keinen Fisch mögen, besonders zu empfehlen ist.

*

Estro

Calle Crosera, Dorsoduro 30123

Modern und minimalistisch ausgestattetes Restaurant mit Vinothek, das die venezianische Küche auf eigenwillige Art und Weise interpretiert.

*

Frary's

Fondamenta dei Frari, San Polo 2558

Ein marokkanisch-levantinisches, ausschliesslich von
Frauen geführtes Restaurant, das eine willkommene
Abwechslung zur landesüblichen Küche bietet.

*

Osteria da Alberto

Calle Giacinto Gallina, Cannaregio 5401

Unweit der Kirche Santi Giovanni e Paolo, genannt
Zanipolo, gelegenes Esslokal, in dem mittags die
Einheimischen einkehren und es die besten Spaghetti
allo Scoglio gibt.

*

Antiche Carampane

Rio Terà de le Carampane, San Polo 1911

Traditionsreiches, sehr gepflegtes Restaurant, dessen
Wahlspruch «Non si trova per caso» (Es findet
sich nicht per Zufall) angesichts der versteckten Lage
seine volle Berechtigung hat.

* * *

GESCHÄFTE

La Bottega del Gusto

Calle San Pantalon, San Polo 5762

Feinkostgeschäft für Einheimische, das der
italienischen Käse- und Schinkenproduktion alle Ehre
macht, aber auch frisches Obst, ausgesuchte
Weine und an Weihnachten den besten Panettone
der Welt im Angebot hat.

*

Pasticceria Tonolo

Calle San Pantalon, Dorsoduro 3764

In ganz Venedig bekannte Confiserie mit eigenem
Kaffeeausschank und einer Auswahl an Süssigkeiten,
der nur schwer zu widerstehen ist.

*

Annelie Pizzi e Ricami

Calle lungo de San Barnaba, Dorsoduro 2748

Von einer österreichischen Dame geführtes Geschäft,
das neben handgestrickten Kinderkleidchen,
Schals und Leinenblusen vor allem alte spitzenbesetzte
Tisch-, Bett- und Unterwäsche verkauft.

*

Libreria e Caffè Sullaluna

Fondamenta della Misericordia, Cannaregio 2535

Eine Buchhandlung, die auch ein Café, ein Café, das auch eine Buchhandlung ist: ein Ort, an dem man lesen und sich bei feinen Kuchen, gutem Kaffee oder ausgesuchten biologischen Weinen von einem langen Spaziergang erholen kann.

*

Ferrementa La Beppa

Salizada San Francesco, Castello 3166

Zwei Geschäfte, nur etwa 100 Meter voneinander entfernt: das eine von der Frau, das andere vom Mann geführt, die zusammen alles, aber wirklich alles führen, was Hausfrauen und Heimwerker im Laufe ihres Lebens benötigen.

*

Fondaco dei Tedeschi

Calle del Fontego dei Tedeschi, 30100 Venezia

Direkt an der Rialto-Brücke gelegene ehemalige Handelsniederlassung reichsdeutscher Händler, die von Rem Kolhaas zum Luxuskaufhaus umgebaut wurde und von seiner Dachterrasse aus einen der schönsten Ausblicke über die Stadt bietet (Internet-Buchung empfohlen).

* * *

Gondeln vor San Marco
mit Blick auf die Isola di
San Giorgio Maggiore

KIRCHEN

Santa Maria Gloriosa dei Frari
Campo dei Frari, San Polo 3072

Eine der beiden grossen gotischen Bettelordenskirchen Venedigs, die vor allem für die «Assunta» von Tizian, aber auch für dessen «Pesaro-Madonna» sowie den «Pesaro-Altar» von Giovanni Bellini berühmt ist und darüber hinaus auch so bedeutende Grabmäler wie diejenigen von Tizian und Monteverdi beherbergt.

*

Madonna dell' Orto
Fondamenta Madonna dell'Orto, Cannaregio 3512

Tauf- und Grabeskirche Jacopo Robustis, genannt Tintoretto, ein gotisches Juwel im unscheinbaren Norden der Stadt, ein Schatzhaus der venezianischen Malerei, das neben einem «Johannes der Täufer» von Cima da Conegliano eine ganze Reihe von Jugendwerken Tintorettos, darunter einen «Tempelgang Mariens», ein «Goldenes Kalb» und ein «Jüngstes Gericht», bereit hält.

*

San Nicolò dei Mendicoli
Calle San Nicolò, Dorsoduro 1907

Der Überlieferung nach eine der ältesten Kirchen Venedigs, deren Innenausstattung jedoch aus dem

16. Jahrhundert stammt und deren wahrer Schatz, eine Kreuzigungsdarstellung aus dem 14. Jahrhundert, sich im Verborgenen über dem Hochaltar befindet.

*

San Polo
Salizada San Polo, San Polo 2023

Spätgotische, jedoch im 19. Jahrhundert stark veränderte Basilika, die nicht nur eine der vielen Abendmahlsdarstellungen Tintorettos beherbergt, sondern etwas abseits in der Sakristei auch einen Kreuzweg-Zyklus des Tiepolo-Sohnes Giandomenico, der mitten hineinführt ins turbulente Leben Venedigs im 18. Jahrhundert.

*

San Sebastiano
Campazzo San Sebastiano, Dorsoduro 1686

Äusserlich eher unscheinbar, von der Ausstattung her aber ein unbedingtes Muss für Liebhaber Veroneses, der in dieser Kirche nicht nur begraben ist, sondern am Hochaltar, in den Seitenschiffen und an den Orgeltüren, vor allem aber in der Sakristei einige seiner bedeutendsten Werke hinterlassen hat.

*

San Giovanni in Bragora

Campo Bandiera e Moro, Castello 3790

An einem der verträumtesten Plätze Venedigs gelegene
Taufkirche des Komponisten Antonio Vivaldi,
deren besondere Attraktion eine «Taufe Jesu im
Jordan» von Cima da Conegliano darstellt.

*

Basilica San Giorgio Maggiore

Isola di S. Giorgio Maggiore

Von Andrea Palladio entworfene dreischiffige Basilika,
die mit einer der zahlreichen Abendmahlsdarstellungen Tintorettos aufwartet und über einen
Turm (mit Aufzug) verfügt, von dessen oberster
Plattform man einen spektakulären Blick über
das Bacino di San Marco geniesst.

*

Santa Maria Assunta

Isola di Torcello

Ursprünglich aus dem 7. Jahrhundert stammende
Kathedrale, deren aus dem 11. und 12. Jahrhundert
stammende Mosaiken – ein «Salvator Mundi»,
eine «Muttergottes» und ein monumentales «Jüngstes
Gericht» – in ihrer Schönheit den Arbeiten in
San Marco in nichts nachstehen.

* * *

Campo Santa Margherita

PLÄTZE

Campo Santa Margherita
Dorsoduro

Sehr belebter, weiträumiger Platz mit Gemüse-
und Fischständen, zahlreichen Bars, Cafés und Restaurants und einer bunten Mischung von Hausfrauen,
Handwerkern, Müssiggängern, Touristen sowie
Studenten und Professoren der nahen Universität.

*

Campo San Giacomo dell'Orio
Santa Croce

Lauschiger Platz neben der gleichnamigen Kirche
mit vielen Bäumen, Bänken, Bars und Restaurants,
auf dem Kinder spielen und Quartierbewohner mit
ihren Einkäufen haltmachen.

*

Campo Bandiera e Moro

Einer der schönsten und stillsten Orte im belebten
Castello, umgeben von altehrwürdigen Palästen
und einigen wenigen Cafés.

* * *

MUSEEN

Gallerie dell'Accademia
Campo della Carità, Dorsoduro 1050

Die wichtigste Adresse für alle, die sich mit der
venezianischen Malerei vom 14. bis zum 19. Jahrhundert beschäftigen wollen. Seit der Wieder-
eröffnung im Oktober 2019 kann sie mit neuem
Konzept und restaurierten Sälen aufwarten.

*

Scuola Grande di San Rocco
Campo San Rocco, San Polo 3052

Eines der bedeutendsten Bruderschaftsgebäude Venedigs, dessen Säle ein grandioses Bildprogramm des
Renaissancemalers Tintoretto mit Schlüsselszenen aus
dem Alten und Neuen Testament aufweisen.

*

Cà d'Oro
Fondamenta Trapolin, Cannaregio 3932

Der wohl filigranste unter den gotischen Palästen
Venedigs, der vor allem wegen der kleinen,
aber hochkarätigen Kunstsammlung seines
ehemaligen Besitzers, Baron Giorgio Franchetti,
immer wieder einen Besuch wert ist.

*

Cà Rezzonico

Canal Grande, Dorsoduro 3136

Ein Paradebeispiel venezianischer Barock-Architektur, in dessen Räumen man nicht nur hochkarätiger Wohnkultur begegnet, sondern auch einer ganzen Reihe von Kunstwerken des 18. Jahrhunderts, wie etwa den Stadtansichten Guardis und Canalettos, den Genre-Bildern Pietro Longhis.

*

Pinacoteca Querini Stampalia

Campo Santa Maria Formosa, San Marco 5252

In einem Renaissance-Palast untergebrachte Gemäldesammlung, die nicht nur so berühmte Werke wie Giovanni Bellinis «Darbringung Jesu im Tempel» beherbergt, sondern auch einen umfangreichen Bilderzyklus von Gabriele Bella, der mit Darstellungen von Festen und Genreszenen einen realistischen Einblick in das Alltagsleben Venedigs im 18. Jahrhundert bietet.

*

Punta della Dogana

Fondamenta Dogana e la Salute, Dorsoduro 2

Ein vom japanischen Architekten Tadao Ando umgebautes ehemaliges Zollgebäude, das, zusammen mit dem Palazzo Grassi, die Sammlungen des französischen Unternehmers François Pinault beherbergt und regelmässig mit bedeutenden Ausstellungen zeitgenössischer Kunst aufwartet.

Blick vom Dach
des Fondaco dei Tedeschi
auf den Canal Grande

Dank

Zuerst und vor allen andern danke ich der Forberg-stiftung, insbesondere Marian Amstutz und Esther Brunner, die mir diesen Aufenhalt im Namen des Stiftungsrates zukommen liessen, Enrica Bortolini, die mir in Veneding mit Rat und Tat zur Seite stand – und natürlich Matthias Forberg, dem Stifter selber, ohne den mir dieses Geschenk an Zeit nicht hätte zuteil werden können. Zu danken habe ich aber auch meinem treuen Freund Andreas Kruse, der die Ent-stehung dieses Buches wiederum einfühlsam-kritisch begleitete, meiner Lektorin Katharina Blarer, die den Texten in bewährter Weise den letzten Schliff gab, sowie meiner Verlegerin Yvonne-Denise Köchli, die mich zum Schreiben ermutigte und einmal mehr das verlegerische Risiko auf sich nahm. Und schliess-lich danke ich Kurt Studhalter, meinem geliebten Mann, der bereit war, mit mir zusammen nicht nur die Stadt Venedig, sondern auch unsere Beziehung noch einmal neu zu erkunden.

Klara Obermüller
Spurensuche
Ein Lebensrückblick in zwölf Bildern

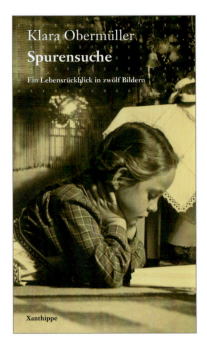

Es ist keine Autobiografie. Es sind keine Memoiren.
Es sind Bruchstücke von Erinnerung, die Klara Obermüller
hier vorlegt: kurze, schlaglichtartige Texte, in denen sie
Rückschau hält und zu erkennen versucht, wie sie wurde,
was sie heute ist. Zwölf einfühlsame und berührende
Miniaturen von literarischem Rang, die man mit dem
Kopf und mit dem Herzen liest – und die dazu anregen,
selbst in die Vergangenheit einzutauchen.

ISBN 978-3-905795-42-4

Unsere beliebten Stadtführerinnen:
Ein «must» für alle, die sich für die Geschichte
der Frauen interessieren – und die Diskontinuität
der Frauengeschichte durchbrechen wollen.

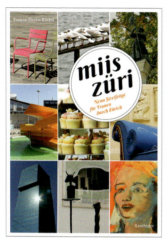

ISBN 978-3-905795-48-6

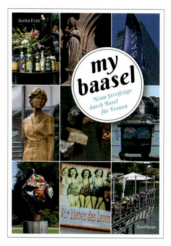

ISBN 978-3-905795-58-5

ISBN 978-3-905795-65-3

1. Auflage
Alle Rechte vorbehalten
© Xanthippe Verlag, Zürich 2020
Lektorat: Katharina Blarer, Zürich
Korrektorat: AnnaMaria Tschopp, Zürich
Umschlag, Gestaltung und Satz:
Isabel Thalmann, buchundgrafik.ch
Fotos: Kurt Studhalter & Klara Obermüller, Männedorf
(ausser Seiten 55, 63 und 111: Gallerie dell'Accademia
sowie Seite 118/119: Adobe Stock)
Cover: Blick auf den Turm der Chiesa di San Pantalon
Druck: BELZ Grafische Betriebe, Bad Langensalza
ISBN 978-3-905795-69-1